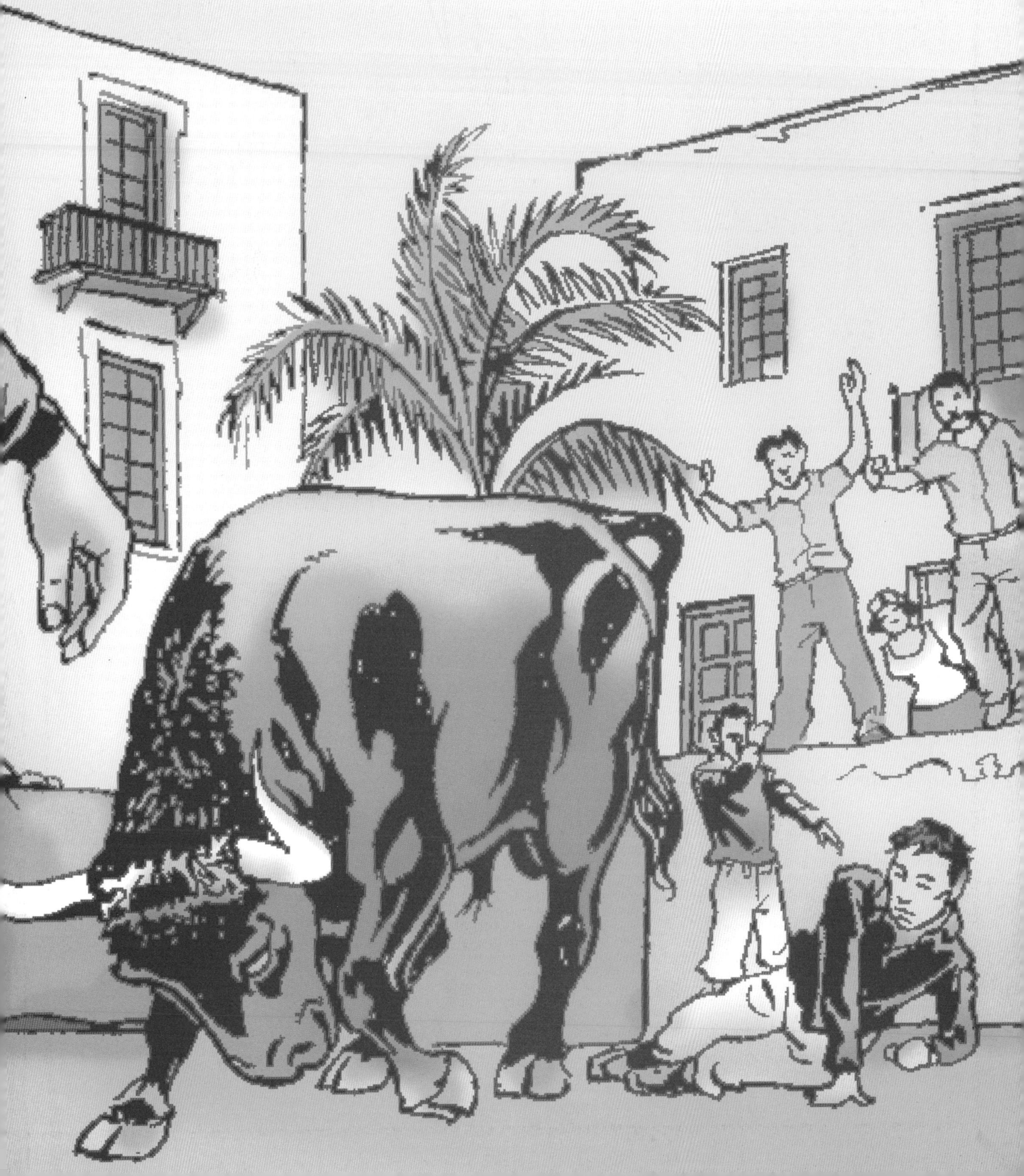

EL LEGADO
DE CNOSSOS

GUIÓN
PELLO GUTIÉRREZ

DIBUJO
DANIEL REDONDO

COLOR
IBAN ASTONDOA

El legado de Cnossos
Colección: Aritz

Guión: Pello Gutiérrez
Dibujos: Daniel Redondo
Color: Iban Astondoa

Editorial SAURE
P. I. Goiain
Avda. San Blas, 11
01171 Legutiano (Alava)

Visite nuestra web:

www.ed-saure.com

Traducción: Pello Gutiérrez
Rotulación: David Alvez

Depósito legal : VI-381/05
I.S.B.N.: 84-95225-55-7

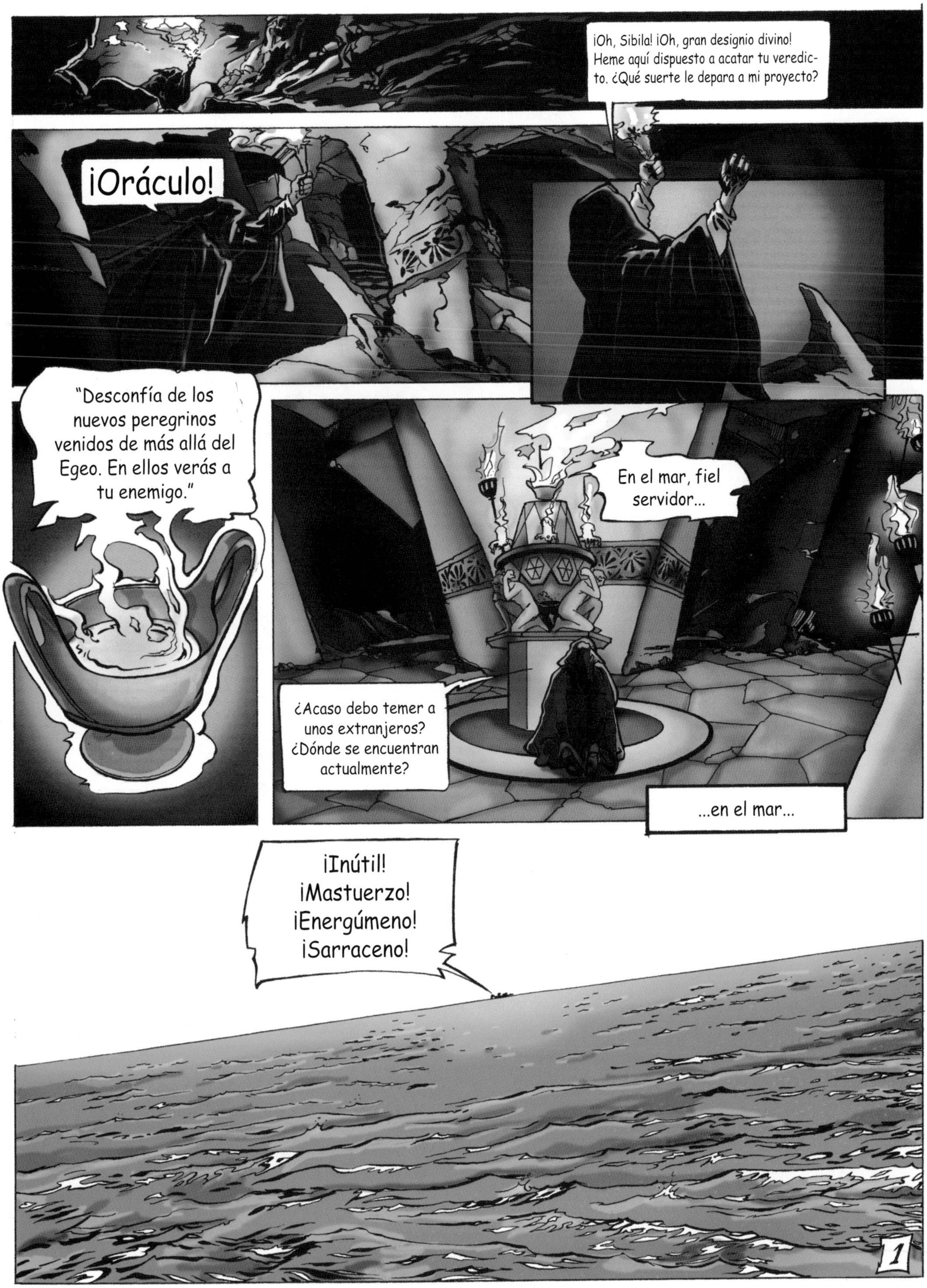
¡Oh, Sibila! ¡Oh, gran designio divino! Heme aquí dispuesto a acatar tu veredicto. ¿Qué suerte le depara a mi proyecto?
¡Oráculo!
"Desconfía de los nuevos peregrinos venidos de más allá del Egeo. En ellos verás a tu enemigo."
En el mar, fiel servidor...
¿Acaso debo temer a unos extranjeros? ¿Dónde se encuentran actualmente?
...en el mar...
¡Inútil! ¡Mastuerzo! ¡Energúmeno! ¡Sarraceno!
1

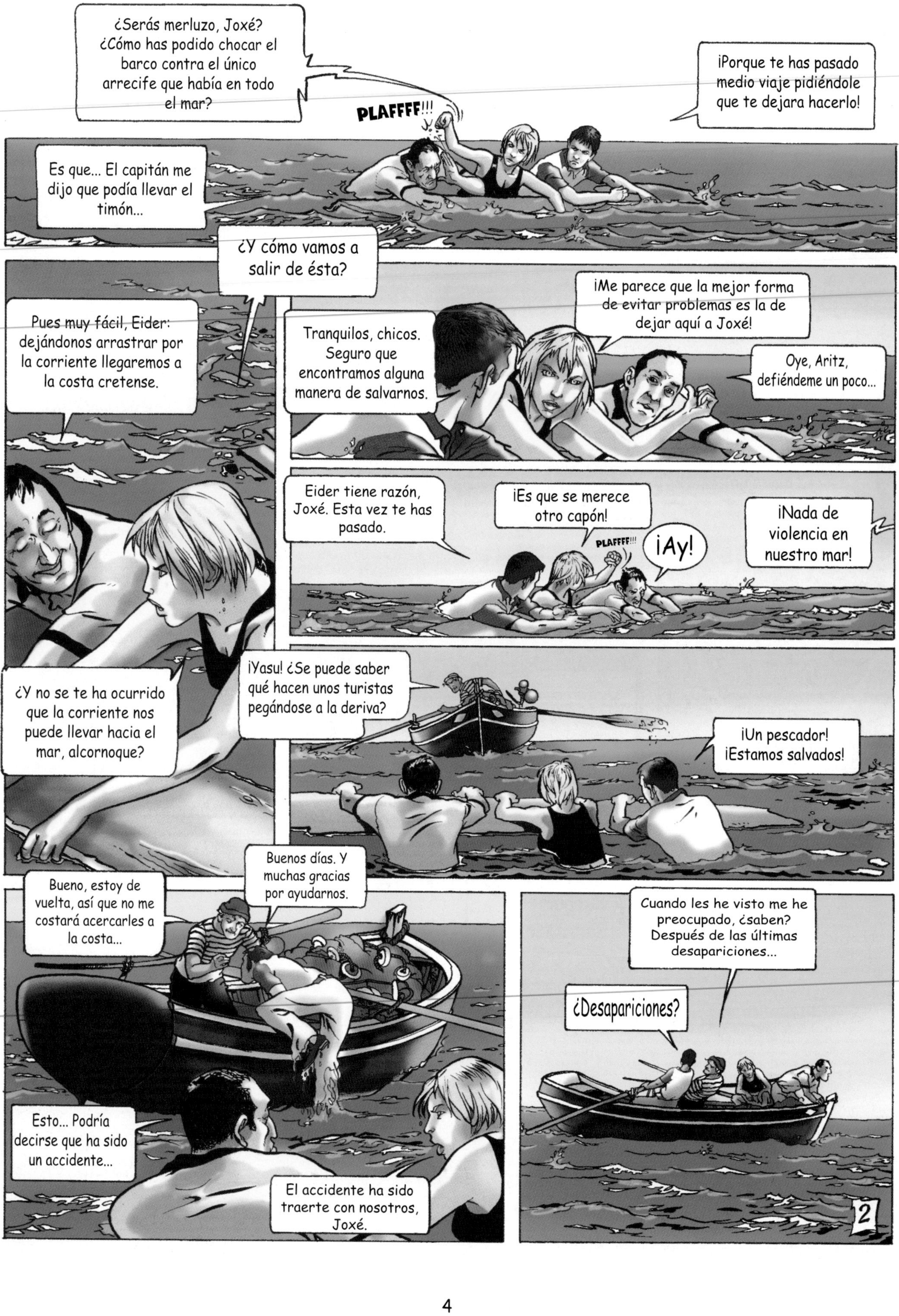
¿Serás merluzo, Joxé? ¿Cómo has podido chocar el barco contra el único arrecife que había en todo el mar?
¡Porque te has pasado medio viaje pidiéndole que te dejara hacerlo!
PLAFFFF!!!
Es que... El capitán me dijo que podía llevar el timón...
¿Y cómo vamos a salir de ésta?
Pues muy fácil, Eider: dejándonos arrastrar por la corriente llegaremos a la costa cretense.
¡Me parece que la mejor forma de evitar problemas es la de dejar aquí a Joxé!
Tranquilos, chicos. Seguro que encontramos alguna manera de salvarnos.
Oye, Aritz, defiéndeme un poco...
¿Y no se te ha ocurrido que la corriente nos puede llevar hacia el mar, alcornoque?
Eider tiene razón, Joxé. Esta vez te has pasado.
¡Es que se merece otro capón!
PLAFFFF!!!
¡Ay!
¡Nada de violencia en nuestro mar!
¡Yasu! ¿Se puede saber qué hacen unos turistas pegándose a la deriva?
¡Un pescador! ¡Estamos salvados!
Bueno, estoy de vuelta, así que no me costará acercarles a la costa...
Buenos días. Y muchas gracias por ayudarnos.
Esto... Podría decirse que ha sido un accidente...
El accidente ha sido traerte con nosotros, Joxé.
Cuando les he visto me he preocupado, ¿saben? Después de las últimas desapariciones...
¿Desapariciones?
2

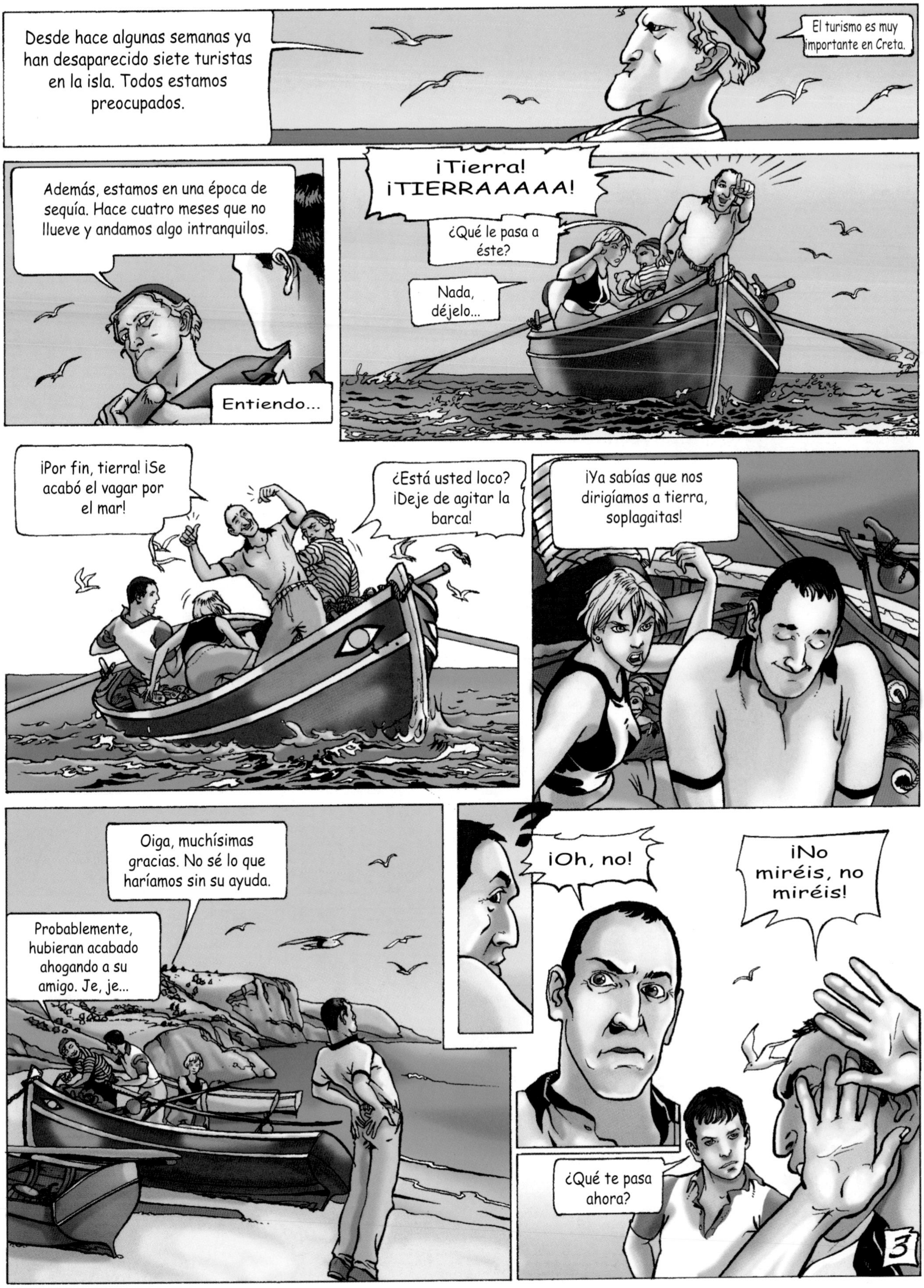

Desde hace algunas semanas ya han desaparecido siete turistas en la isla. Todos estamos preocupados.
El turismo es muy importante en Creta.
Además, estamos en una época de sequía. Hace cuatro meses que no llueve y andamos algo intranquilos.
Entiendo...
¡Tierra! ¡TIERRAAAAAA!
¿Qué le pasa a éste?
Nada, déjelo...
¡Por fin, tierra! ¡Se acabó el vagar por el mar!
¿Está usted loco? ¡Deje de agitar la barca!
¡Ya sabías que nos dirigíamos a tierra, soplagaitas!
Oiga, muchísimas gracias. No sé lo que haríamos sin su ayuda.
Probablemente, hubieran acabado ahogando a su amigo. Je, je...
¡Oh, no!
¡No miréis, no miréis!
¿Qué te pasa ahora?
3

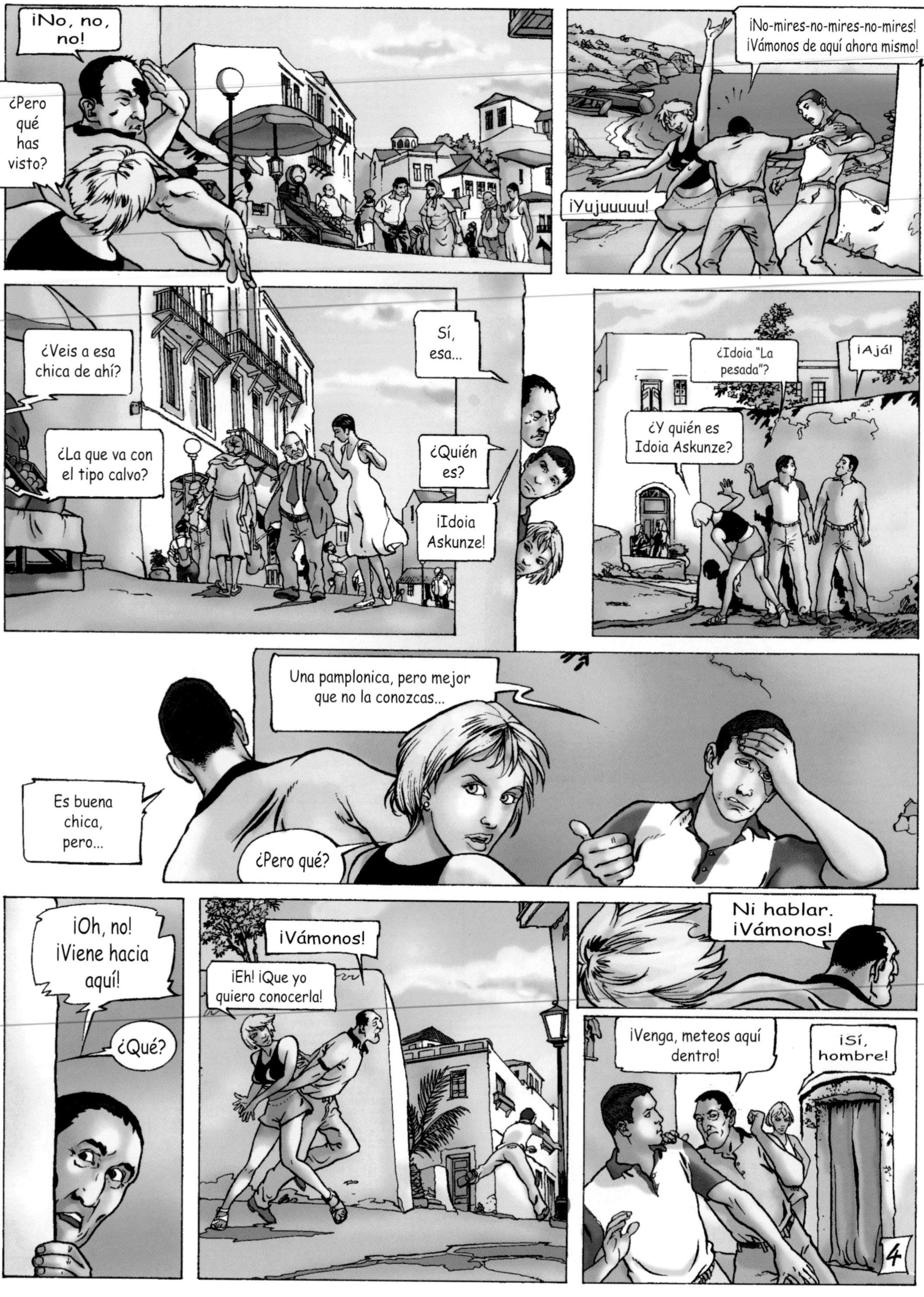
¡No, no, no!
¿Pero qué has visto?
¡No-mires-no-mires-no-mires! ¡Vámonos de aquí ahora mismo!
¡Yujuuuuu!
¿Veis a esa chica de ahí?
¿La que va con el tipo calvo?
Sí, esa...
¿Quién es?
¡Idoia Askunze!
¿Idoia "La pesada"?
¡Ajá!
¿Y quién es Idoia Askunze?
Una pamplonica, pero mejor que no la conozcas...
Es buena chica, pero...
¿Pero qué?
¡Oh, no! ¡Viene hacia aquí!
¿Qué?
¡Vámonos!
¡Eh! ¡Que yo quiero conocerla!
Ni hablar. ¡Vámonos!
¡Venga, meteos aquí dentro!
¡Sí, hombre!
4

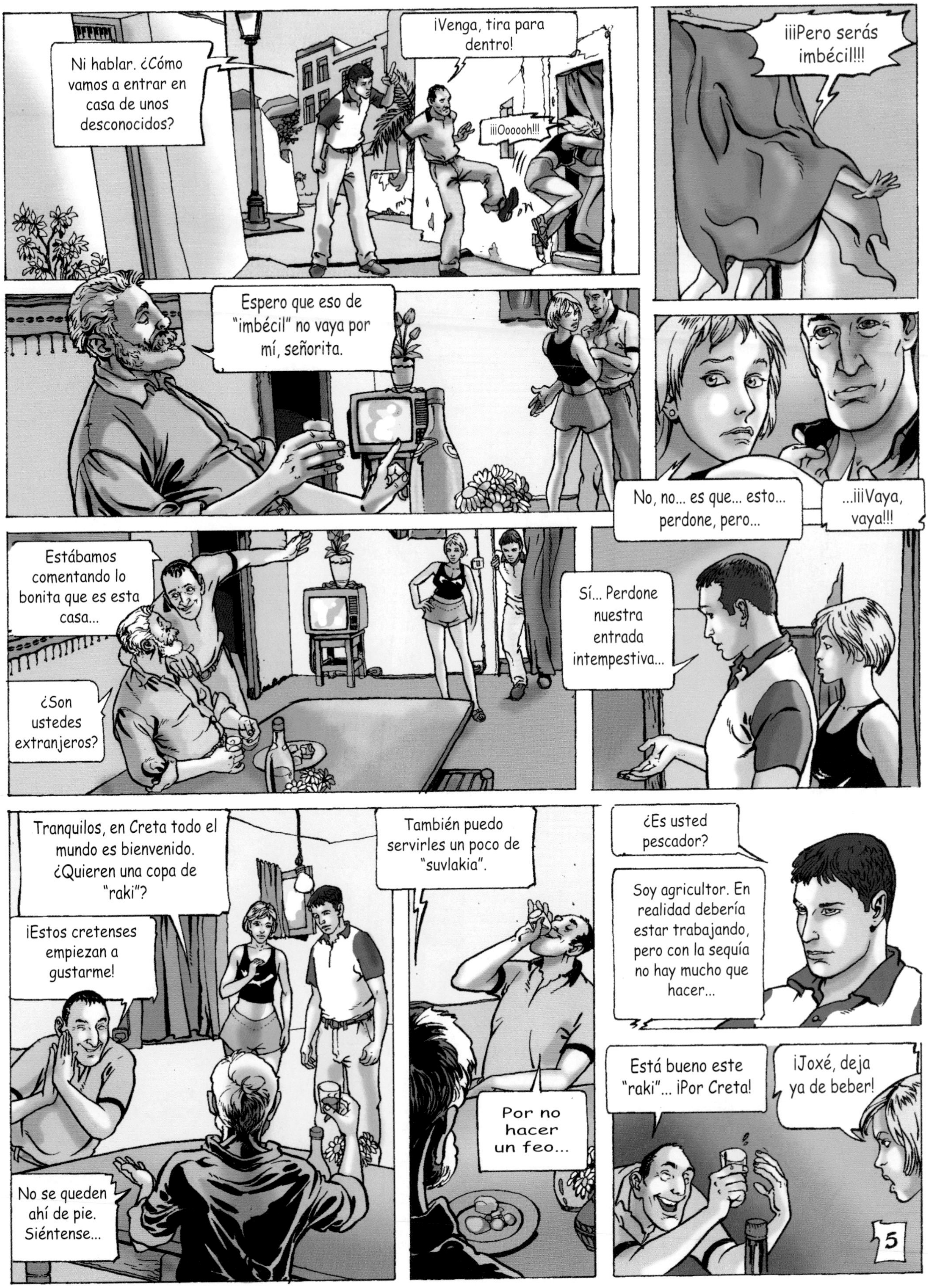
Ni hablar. ¿Cómo vamos a entrar en casa de unos desconocidos?
¡Venga, tira para dentro!
¡¡¡Oooooh!!!
¡¡¡Pero serás imbécil!!!
Espero que eso de "imbécil" no vaya por mí, señorita.
No, no... es que... esto... perdone, pero...
...¡¡¡Vaya, vaya!!!
Estábamos comentando lo bonita que es esta casa...
¿Son ustedes extranjeros?
Sí... Perdone nuestra entrada intempestiva...
Tranquilos, en Creta todo el mundo es bienvenido. ¿Quieren una copa de "raki"?
¡Estos cretenses empiezan a gustarme!
No se queden ahí de pie. Siéntense...
También puedo servirles un poco de "suvlakia".
Por no hacer un feo...
¿Es usted pescador?
Soy agricultor. En realidad debería estar trabajando, pero con la sequía no hay mucho que hacer...
Está bueno este "raki"... ¡Por Creta!
¡Joxé, deja ya de beber!
5

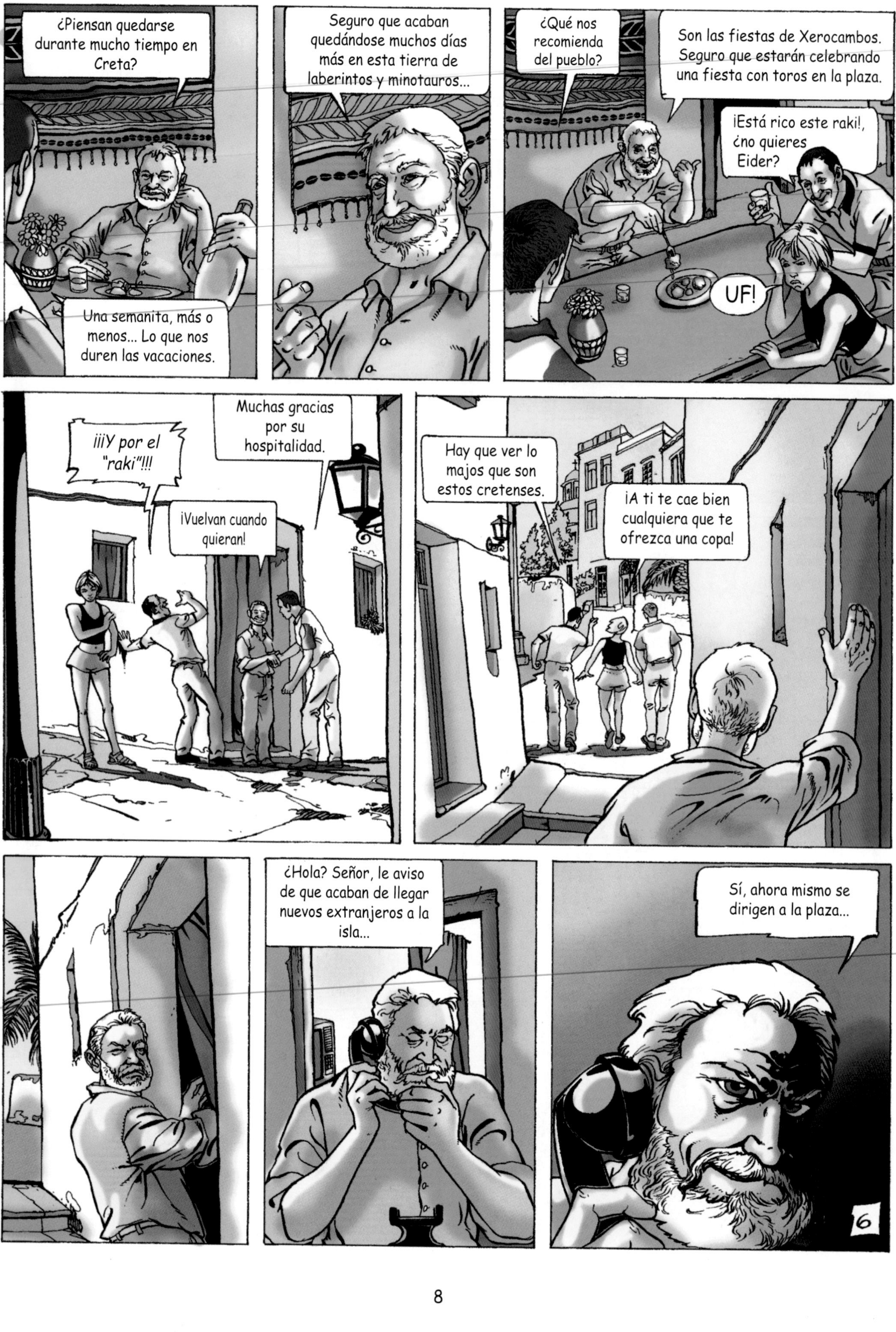
¿Piensan quedarse durante mucho tiempo en Creta?
Una semanita, más o menos... Lo que nos duren las vacaciones.
Seguro que acaban quedándose muchos días más en esta tierra de laberintos y minotauros...
¿Qué nos recomienda del pueblo?
Son las fiestas de Xerocambos. Seguro que estarán celebrando una fiesta con toros en la plaza.
¡Está rico este raki!, ¿no quieres Eider?
UF!
¡¡¡Y por el "raki"!!!
Muchas gracias por su hospitalidad.
¡Vuelvan cuando quieran!
Hay que ver lo majos que son estos cretenses.
¡A ti te cae bien cualquiera que te ofrezca una copa!
¿Hola? Señor, le aviso de que acaban de llegar nuevos extranjeros a la isla...
Sí, ahora mismo se dirigen a la plaza...
6

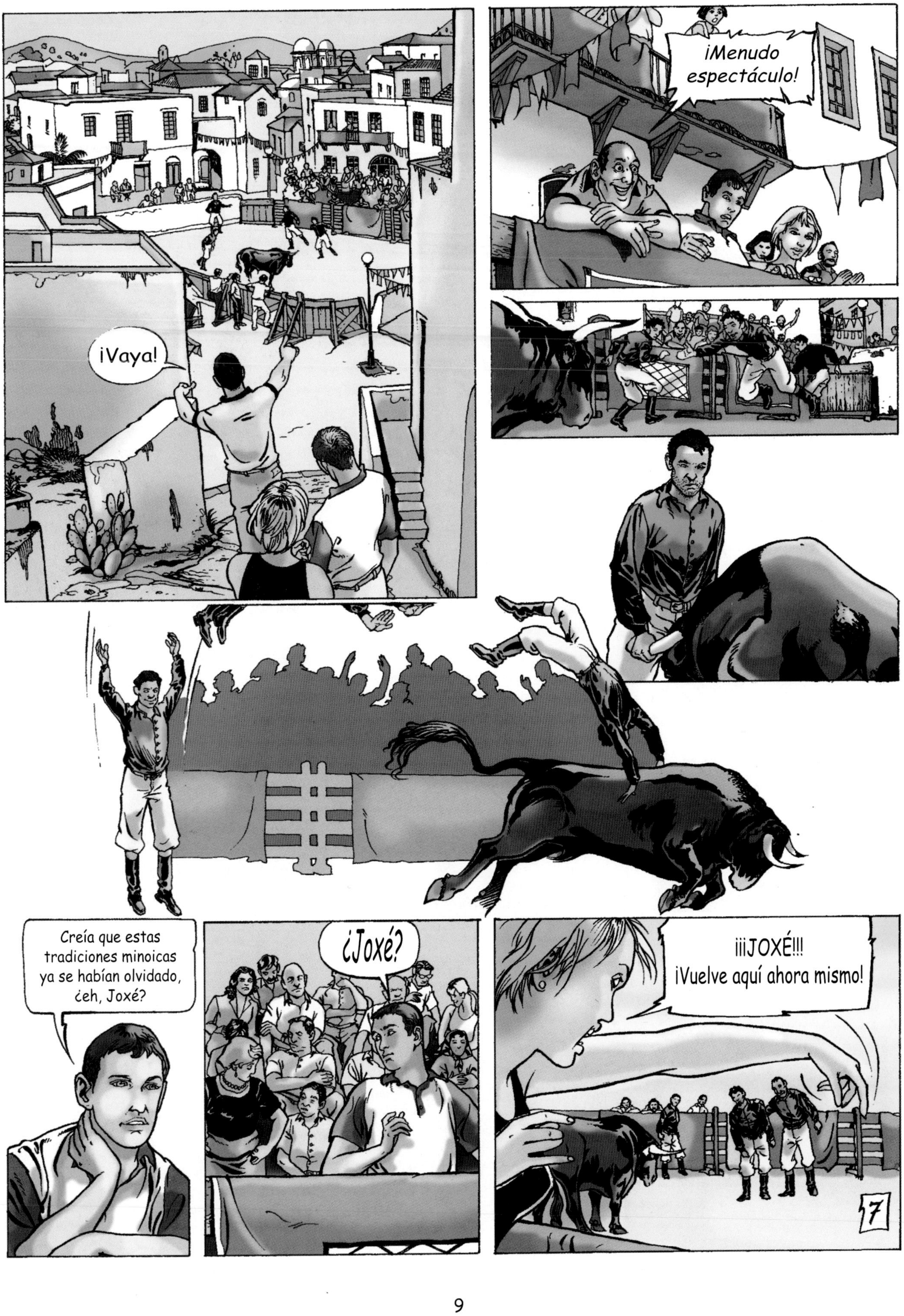
¡Vaya!
¡Menudo espectáculo!
Creía que estas tradiciones minoicas ya se habían olvidado, ¿eh, Joxé?
¿Joxé?
¡¡¡JOXÉ!!! ¡Vuelve aquí ahora mismo!
7

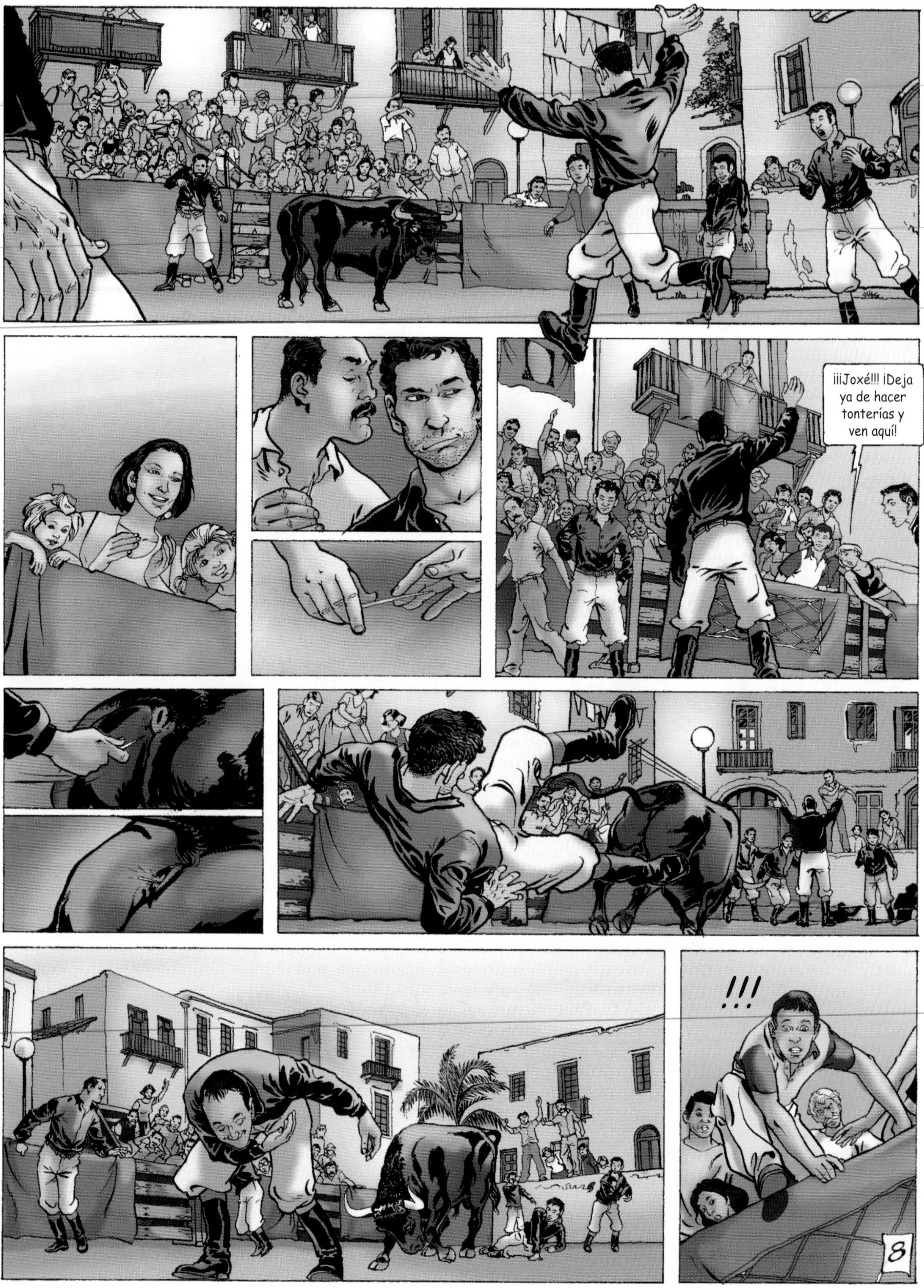
¡¡¡Joxé!!! ¡Deja ya de hacer tonterías y ven aquí!
!!!
8

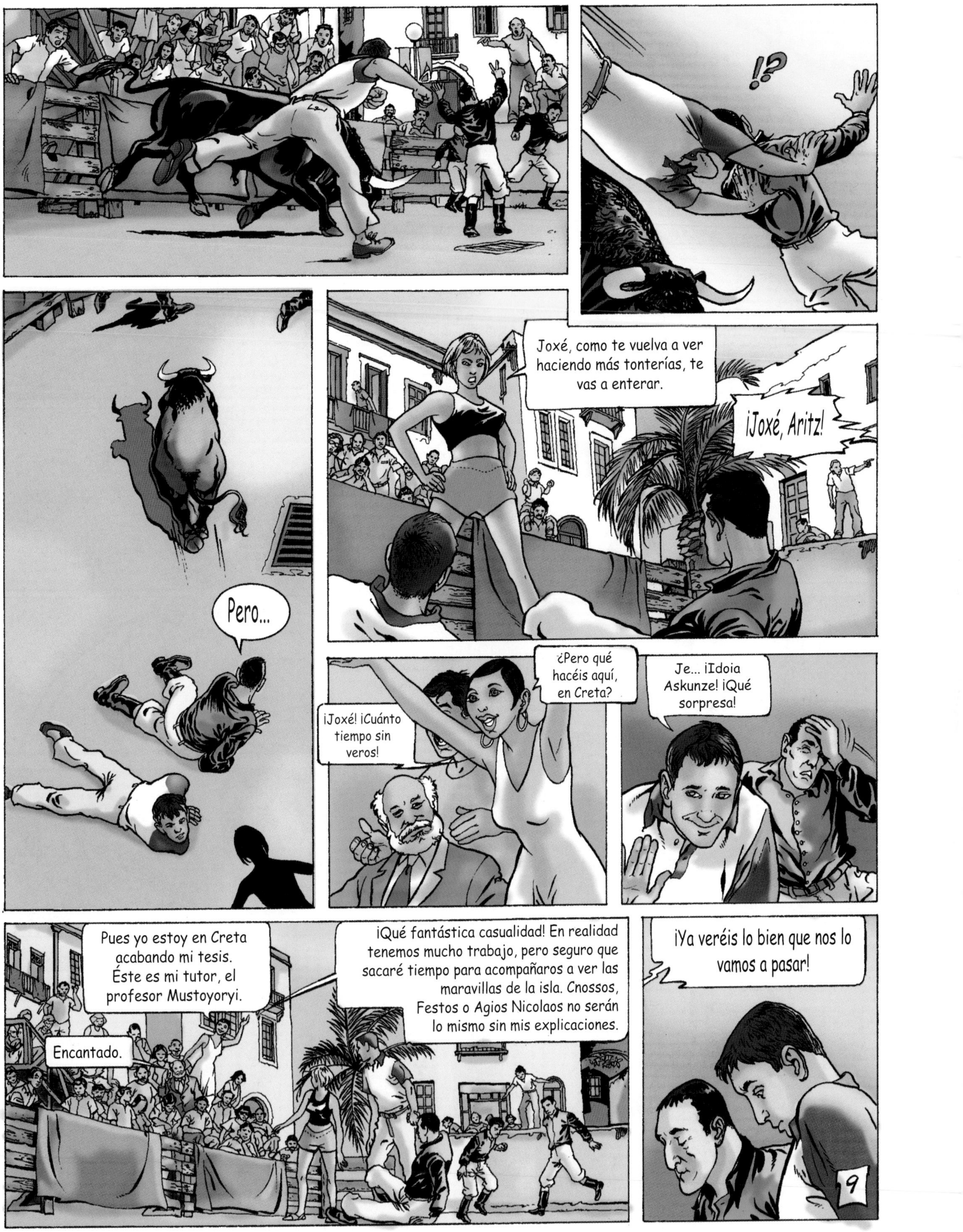
!?
Pero...
Joxé, como te vuelva a ver haciendo más tonterías, te vas a enterar.
¡Joxé, Aritz!
¡Joxé! ¡Cuánto tiempo sin veros!
¿Pero qué hacéis aquí, en Creta?
Je... ¡Idoia Askunze! ¡Qué sorpresa!
Pues yo estoy en Creta acabando mi tesis. Éste es mi tutor, el profesor Mustoyoryi.
Encantado.
¡Qué fantástica casualidad! En realidad tenemos mucho trabajo, pero seguro que sacaré tiempo para acompañaros a ver las maravillas de la isla. Cnossos, Festos o Agios Nicolaos no serán lo mismo sin mis explicaciones.
¡Ya veréis lo bien que nos lo vamos a pasar!
9

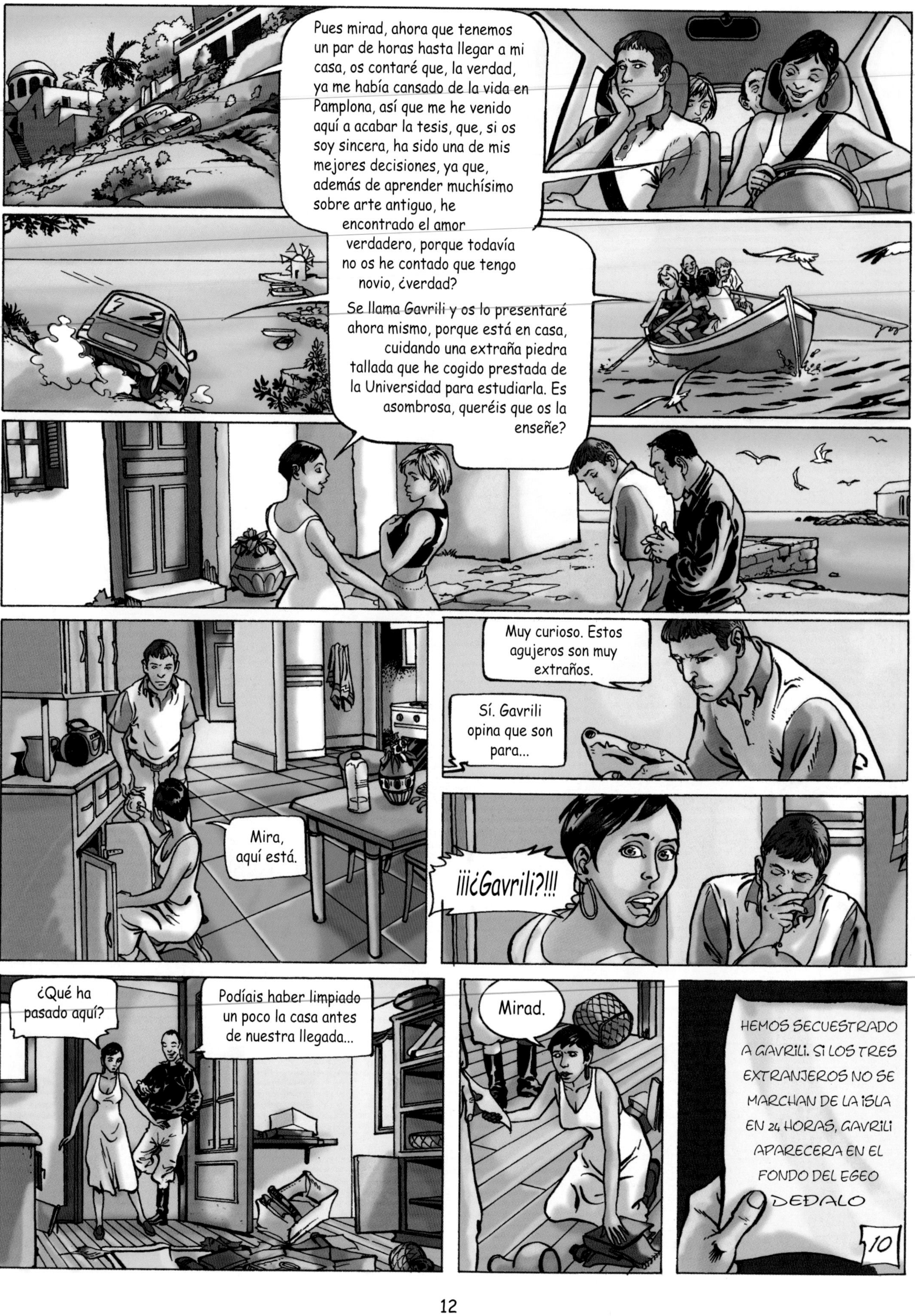
Pues mirad, ahora que tenemos un par de horas hasta llegar a mi casa, os contaré que, la verdad, ya me había cansado de la vida en Pamplona, así que me he venido aquí a acabar la tesis, que, si os soy sincera, ha sido una de mis mejores decisiones, ya que, además de aprender muchísimo sobre arte antiguo, he encontrado el amor verdadero, porque todavía no os he contado que tengo novio, ¿verdad?
Se llama Gavrili y os lo presentaré ahora mismo, porque está en casa, cuidando una extraña piedra tallada que he cogido prestada de la Universidad para estudiarla. Es asombrosa, queréis que os la enseñe?
Mira, aquí está.
Muy curioso. Estos agujeros son muy extraños.
Sí. Gavrili opina que son para...
¡¡¡¿Gavrili?!!!
¿Qué ha pasado aquí?
Podíais haber limpiado un poco la casa antes de nuestra llegada...
Mirad.
HEMOS SECUESTRADO A GAVRILI. SI LOS TRES EXTRANJEROS NO SE MARCHAN DE LA ISLA EN 24 HORAS, GAVRILI APARECERA EN EL FONDO DEL EGEO
DEDALO
10

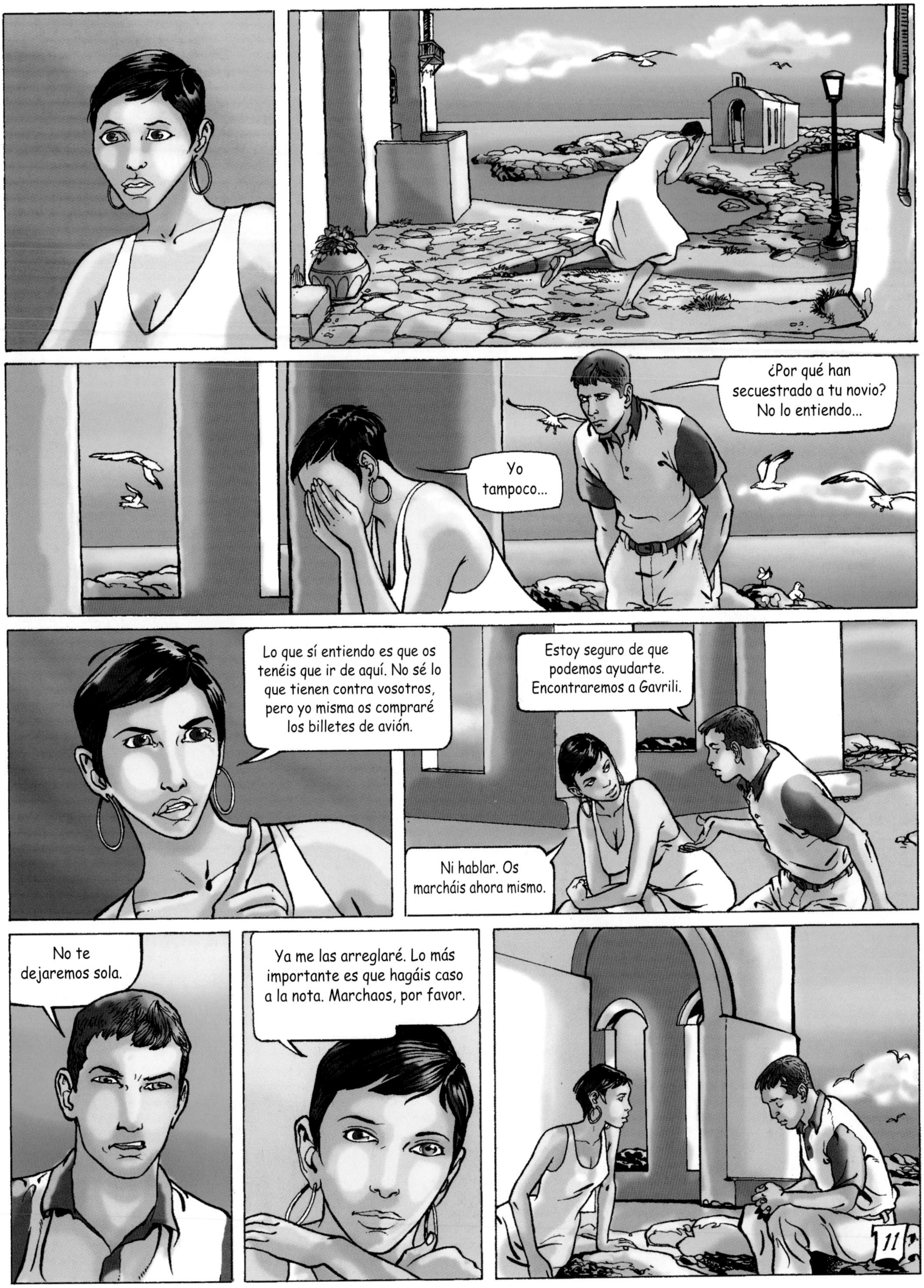
¿Por qué han secuestrado a tu novio? No lo entiendo...
Yo tampoco...
Lo que sí entiendo es que os tenéis que ir de aquí. No sé lo que tienen contra vosotros, pero yo misma os compraré los billetes de avión.
Estoy seguro de que podemos ayudarte. Encontraremos a Gavrili.
Ni hablar. Os marcháis ahora mismo.
No te dejaremos sola.
Ya me las arreglaré. Lo más importante es que hagáis caso a la nota. Marchaos, por favor.
11

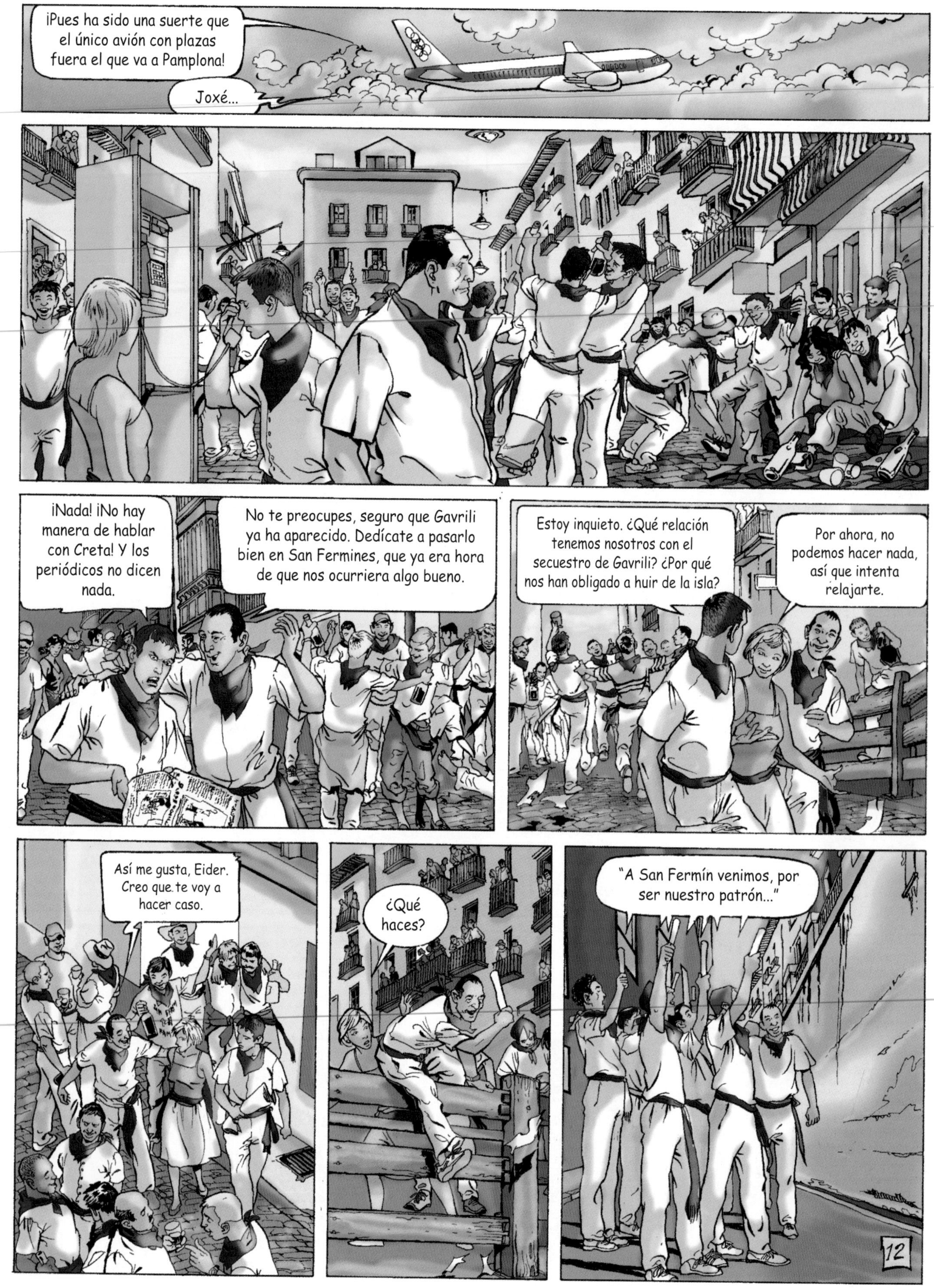
¡Pues ha sido una suerte que el único avión con plazas fuera el que va a Pamplona!
Joxé...
¡Nada! ¡No hay manera de hablar con Creta! Y los periódicos no dicen nada.
No te preocupes, seguro que Gavrili ya ha aparecido. Dedícate a pasarlo bien en San Fermines, que ya era hora de que nos ocurriera algo bueno.
Estoy inquieto. ¿Qué relación tenemos nosotros con el secuestro de Gavrili? ¿Por qué nos han obligado a huir de la isla?
Por ahora, no podemos hacer nada, así que intenta relajarte.
Así me gusta, Eider. Creo que te voy a hacer caso.
¿Qué haces?
"A San Fermín venimos, por ser nuestro patrón..."
12

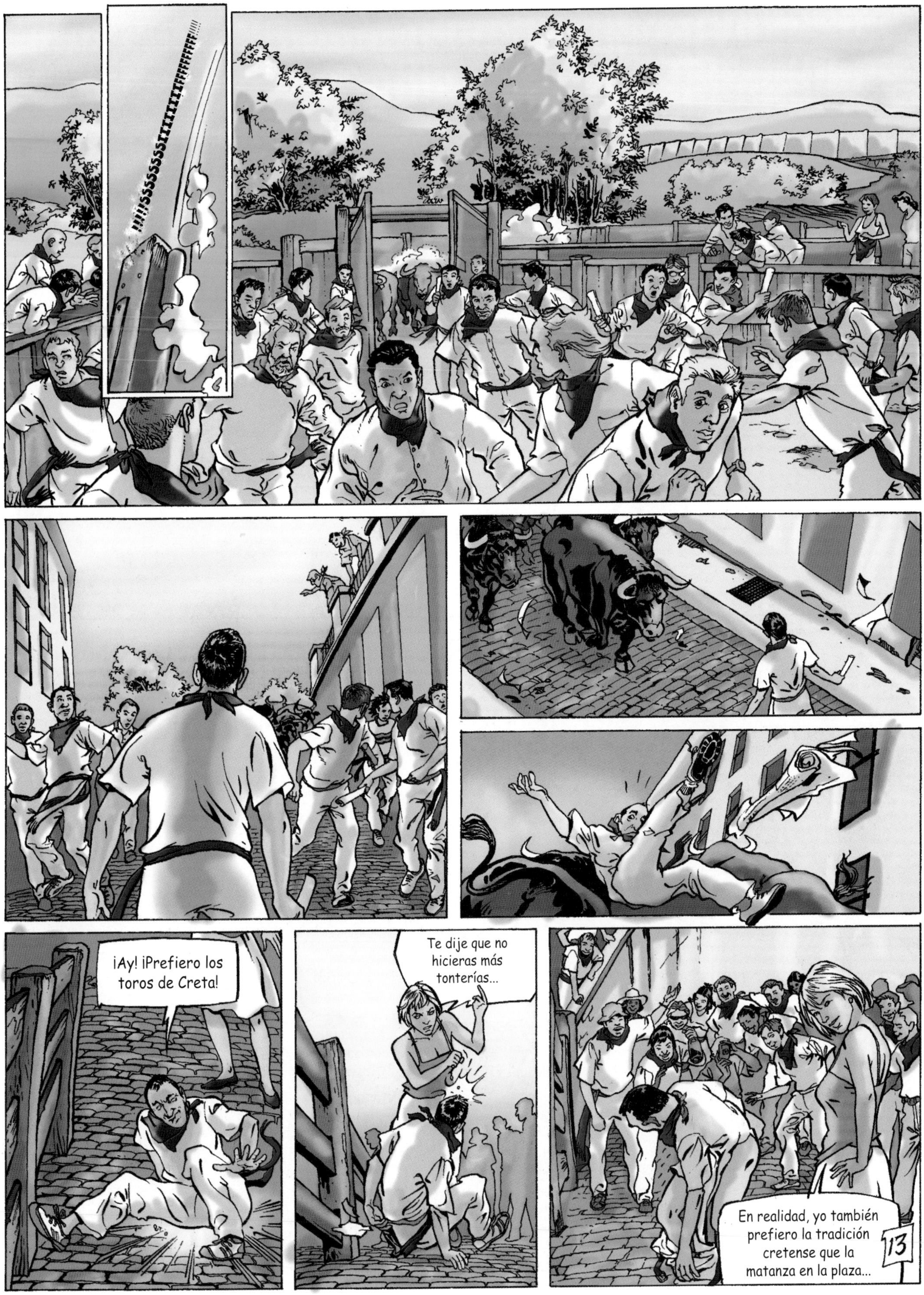
¡Ay! ¡Prefiero los toros de Creta!
Te dije que no hicieras más tonterías...
En realidad, yo también prefiero la tradición cretense que la matanza en la plaza...
13

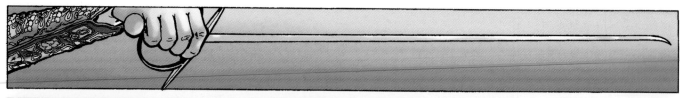

¡¡¡Aaaaaaaaggggggghhhhhhh!!!

¡Qué asco!

No puede ser... ¿Por qué no contesta Idoia al teléfono en Creta?

Vamos a intentarlo por última vez. Temo que le haya pasado algo.

¿Estás preocupado?

¡Nada!

Está decidido. ¡Volvemos a Creta!

Pues yes, llevo ya twenty years sin perderme un encierro. Ya he sido herido en la leg y en el arm por un toro bravo...

¡¡Joxé!! ¡Al aeropuerto!

Ji, ji, ji...

¡Esperad un momento, que me tengo que despedir de mis friends!

14

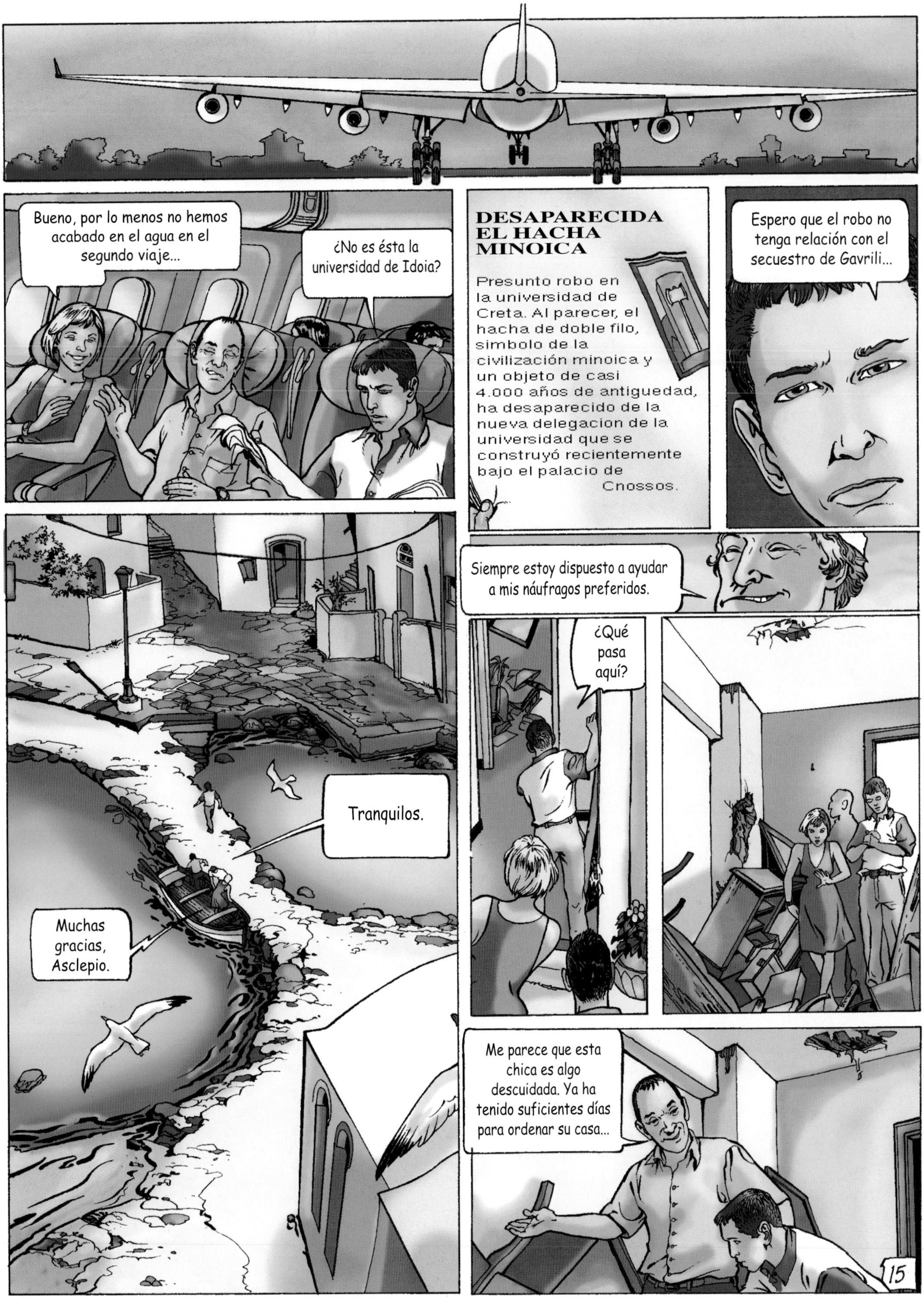
Bueno, por lo menos no hemos acabado en el agua en el segundo viaje...
¿No es ésta la universidad de Idoia?
DESAPARECIDA EL HACHA MINOICA
Presunto robo en la universidad de Creta. Al parecer, el hacha de doble filo, símbolo de la civilización minoica y un objeto de casi 4.000 años de antiguedad, ha desaparecido de la nueva delegacion de la universidad que se construyó recientemente bajo el palacio de Cnossos.
Espero que el robo no tenga relación con el secuestro de Gavrili...
Siempre estoy dispuesto a ayudar a mis náufragos preferidos.
Tranquilos.
Muchas gracias, Asclepio.
¿Qué pasa aquí?
Me parece que esta chica es algo descuidada. Ya ha tenido suficientes días para ordenar su casa...
15

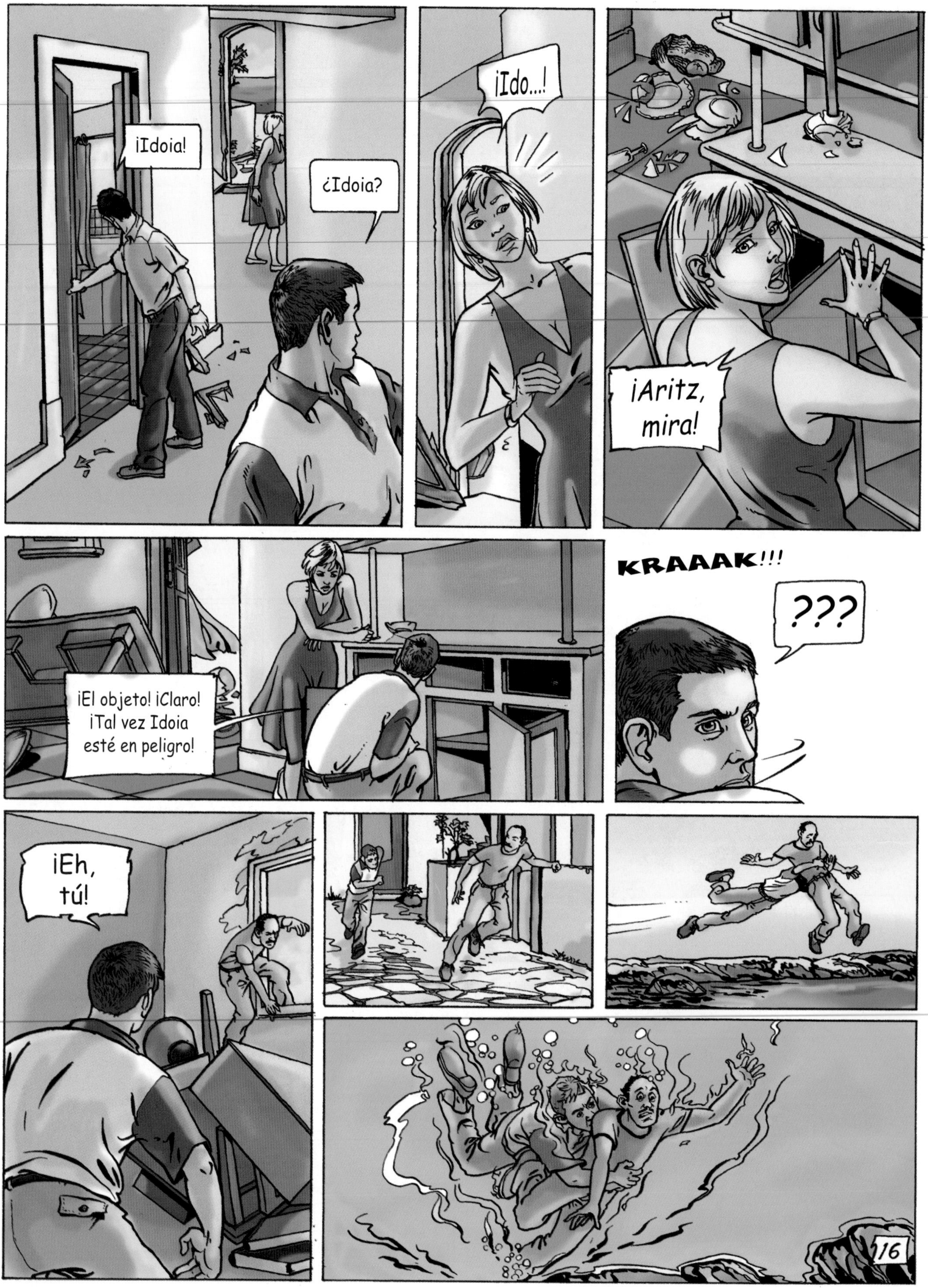

¡Idoia!
¿Idoia?
¡Ido...!
¡Aritz, mira!
¡El objeto! ¡Claro! ¡Tal vez Idoia esté en peligro!
KRAAAK!!!
???
¡Eh, tú!
16

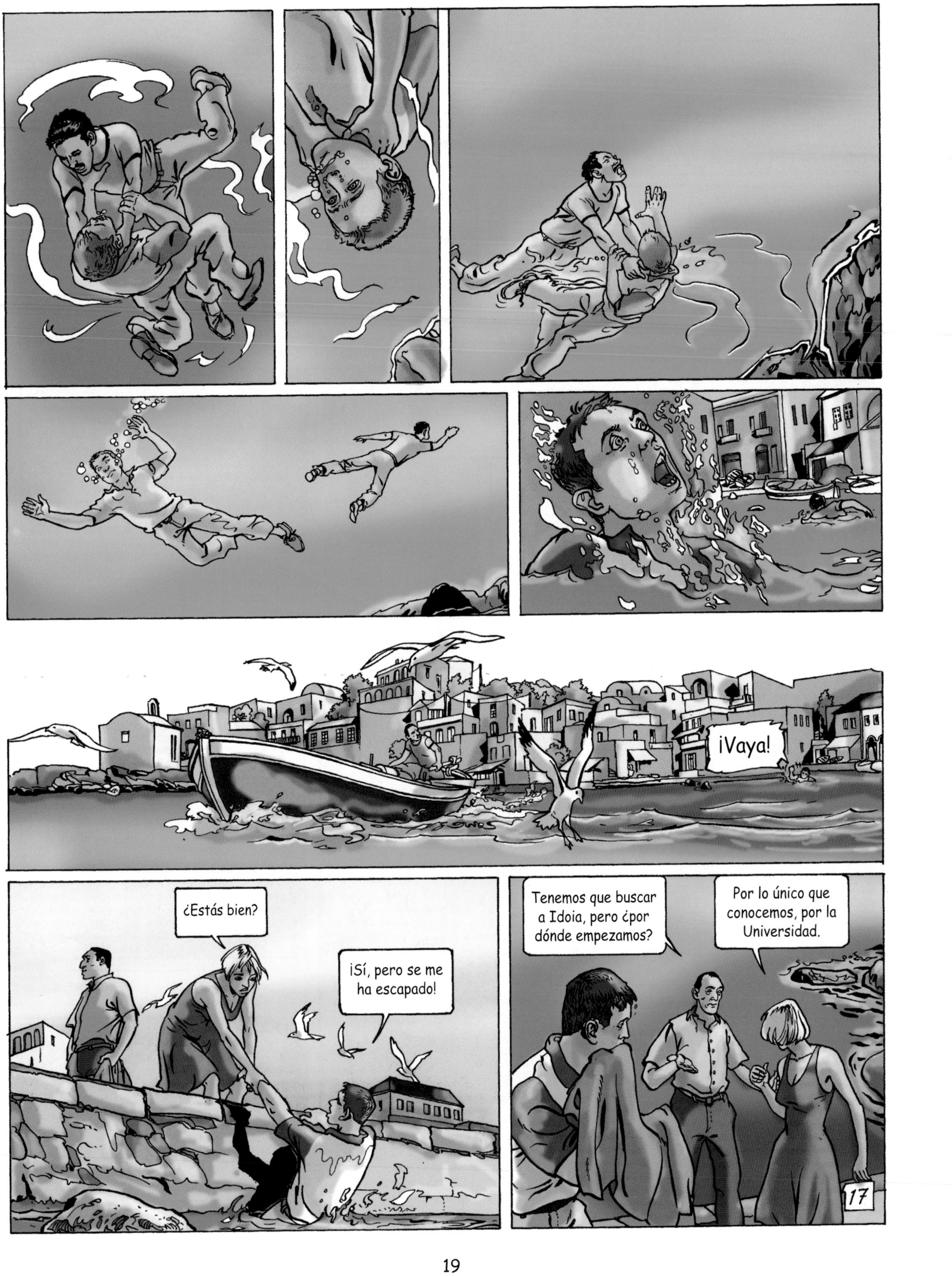
¡Vaya!
¿Estás bien?
¡Sí, pero se me ha escapado!
Tenemos que buscar a Idoia, pero ¿por dónde empezamos?
Por lo único que conocemos, por la Universidad.
17

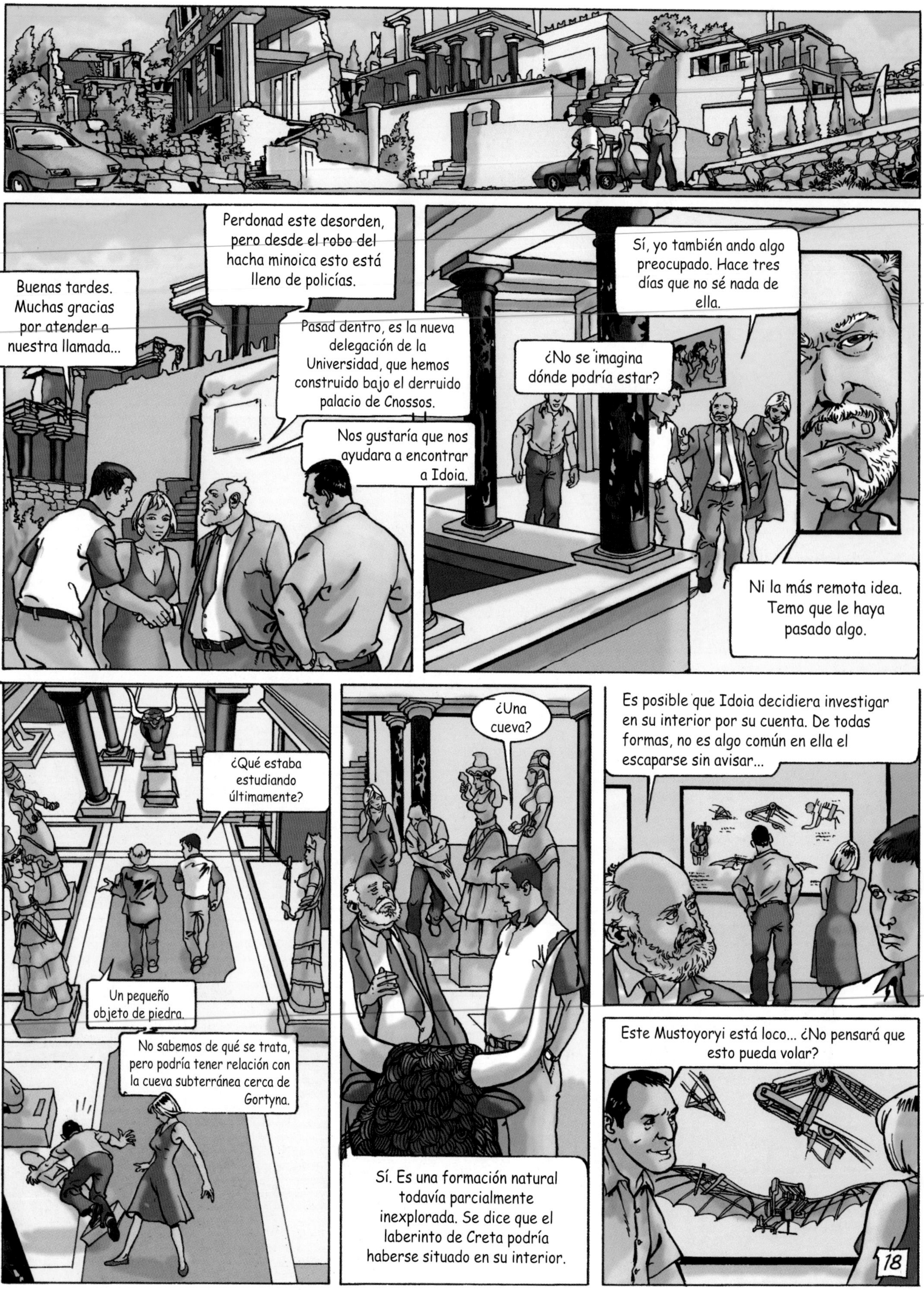

Buenas tardes. Muchas gracias por atender a nuestra llamada...
Perdonad este desorden, pero desde el robo del hacha minoica esto está lleno de policías.
Pasad dentro, es la nueva delegación de la Universidad, que hemos construido bajo el derruido palacio de Cnossos.
Nos gustaría que nos ayudara a encontrar a Idoia.
Sí, yo también ando algo preocupado. Hace tres días que no sé nada de ella.
¿No se imagina dónde podría estar?
Ni la más remota idea. Temo que le haya pasado algo.
¿Qué estaba estudiando últimamente?
Un pequeño objeto de piedra.
No sabemos de qué se trata, pero podría tener relación con la cueva subterránea cerca de Gortyna.
¿Una cueva?
Sí. Es una formación natural todavía parcialmente inexplorada. Se dice que el laberinto de Creta podría haberse situado en su interior.
Es posible que Idoia decidiera investigar en su interior por su cuenta. De todas formas, no es algo común en ella el escaparse sin avisar...
Este Mustoyoryi está loco... ¿No pensará que esto pueda volar?
18

El lugar no está muy lejos de aquí. Os acompañaría, pero tengo que atender a la policía...

No se preocupe. Si nos explica cómo llegar allá ya nos ocuparemos nosotros.

Muchas gracias. ¡Y buena suerte!

Tranquilo. Encontraremos a Idoia y se la traeremos sana y salva.

Los extranjeros siguen en la isla.

Pero entonces lo descubrirán todo...

No. ÉL se ocupará de ellos antes de que puedan hacer nada...

¿Qué?

Acaban de visitarme. Pero ya está todo solucionado. Los he enviado a Gortyna.

19

21

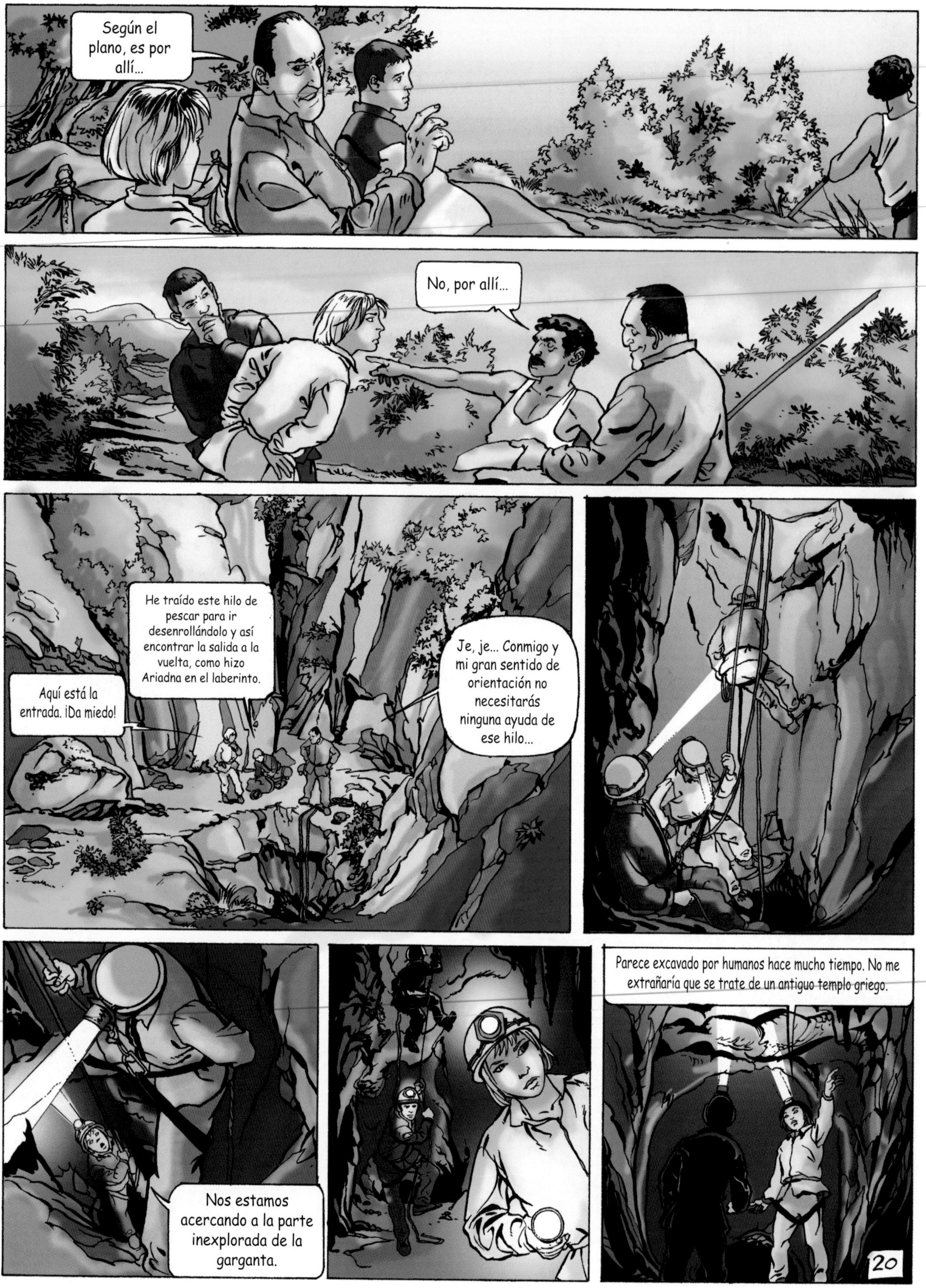
Según el plano, es por allí...
No, por allí...
He traído este hilo de pescar para ir desenrollándolo y así encontrar la salida a la vuelta, como hizo Ariadna en el laberinto.
Aquí está la entrada. ¡Da miedo!
Je, je... Conmigo y mi gran sentido de orientación no necesitarás ninguna ayuda de ese hilo...
Nos estamos acercando a la parte inexplorada de la garganta.
Parece excavado por humanos hace mucho tiempo. No me extrañaría que se trate de un antiguo templo griego.
20

¿Y se supone que esto da miedo?

¡Idoia, Gavrili! ¡Estáis bien!

¡Oh! ¡Muchas gracias por desatarnos! No sabéis lo que hemos sufrido. Nos han raptado, atado, apaleado, llevado hasta este oscuro lugar...

Ha sido la experiencia más terrible de nuestras vidas.

Creo que ya sé por qué están prometidos estos dos...

¡Qué mal rato hemos pasado! Gracias por vuestra ayuda. ¡Han estado registrando la casa buscando el objeto, y, al no poder encontrarlo, nos han traído hasta aquí!

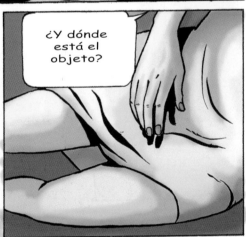

¿Y dónde está el objeto?

¡Aquí está!

Mmmm... De todas formas, todo esto me parece demasiado fácil...

No creo que esto haya acabado.

¡Ni mucho menos, muchacho! ¡Aún tendréis que sufrir bastante antes de salir de aquí!

21

23

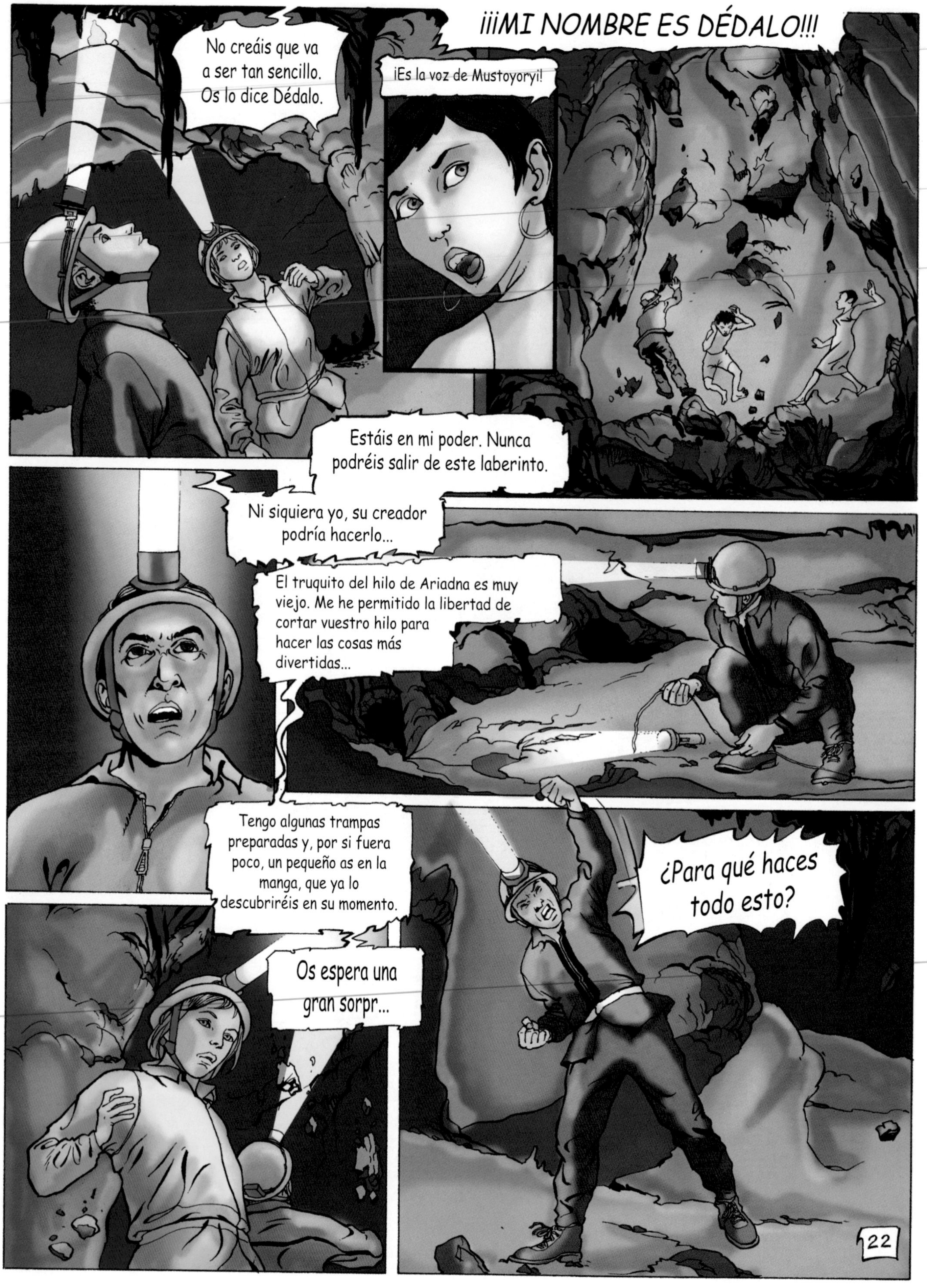
No creáis que va a ser tan sencillo. Os lo dice Dédalo.
¡¡¡MI NOMBRE ES DÉDALO!!!
¡Es la voz de Mustoyoryi!
Estáis en mi poder. Nunca podréis salir de este laberinto.
Ni siquiera yo, su creador podría hacerlo...
El truquito del hilo de Ariadna es muy viejo. Me he permitido la libertad de cortar vuestro hilo para hacer las cosas más divertidas...
Tengo algunas trampas preparadas y, por si fuera poco, un pequeño as en la manga, que ya lo descubriréis en su momento.
Os espera una gran sorpr...
¿Para qué haces todo esto?
22

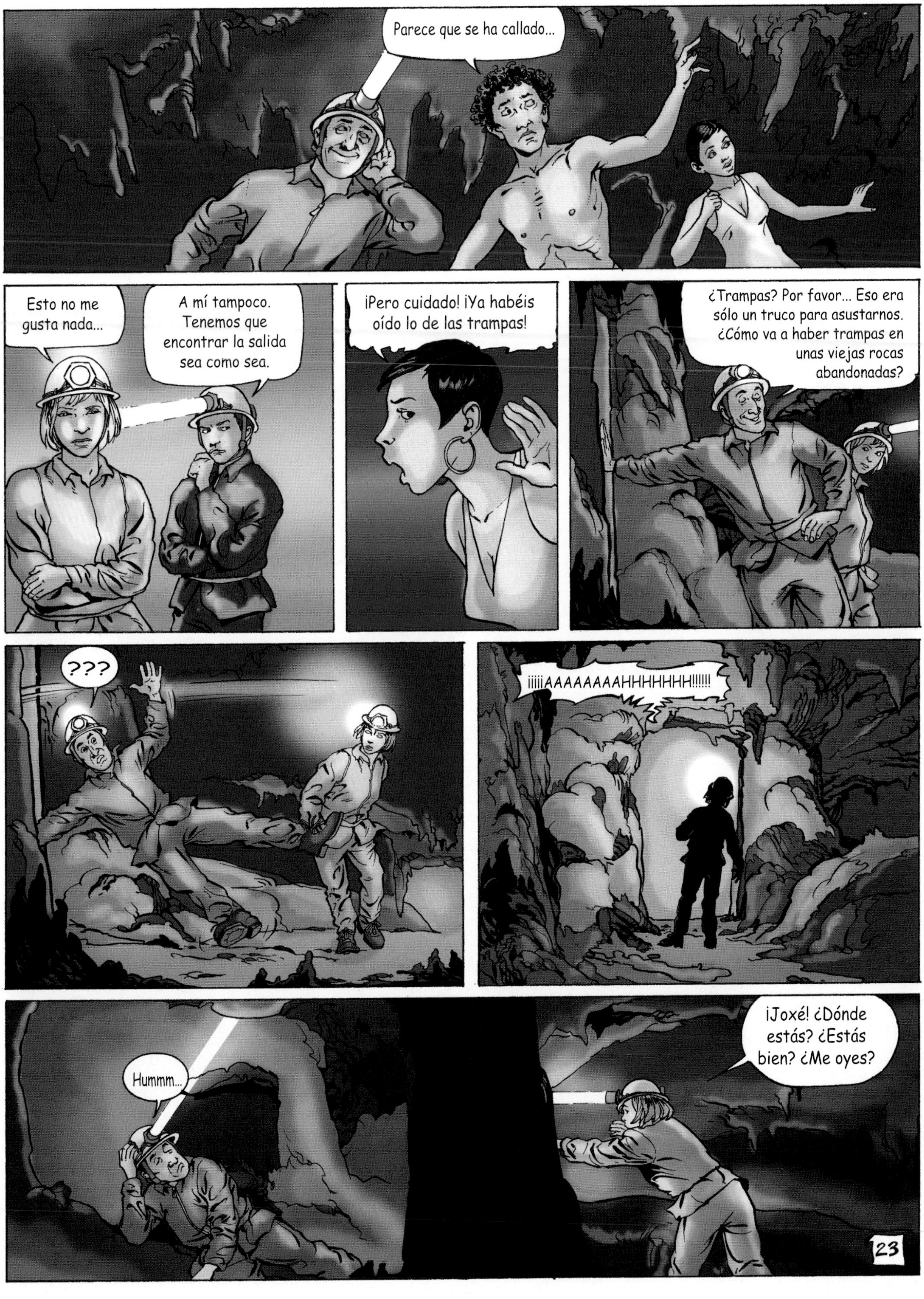
Parece que se ha callado...
Esto no me gusta nada...
A mí tampoco. Tenemos que encontrar la salida sea como sea.
¡Pero cuidado! ¡Ya habéis oído lo de las trampas!
¿Trampas? Por favor... Eso era sólo un truco para asustarnos. ¿Cómo va a haber trampas en unas viejas rocas abandonadas?
???
¡¡¡¡¡AAAAAAAAHHHHHHH!!!!!!
Hummm...
¡Joxé! ¿Dónde estás? ¿Estás bien? ¿Me oyes?
23

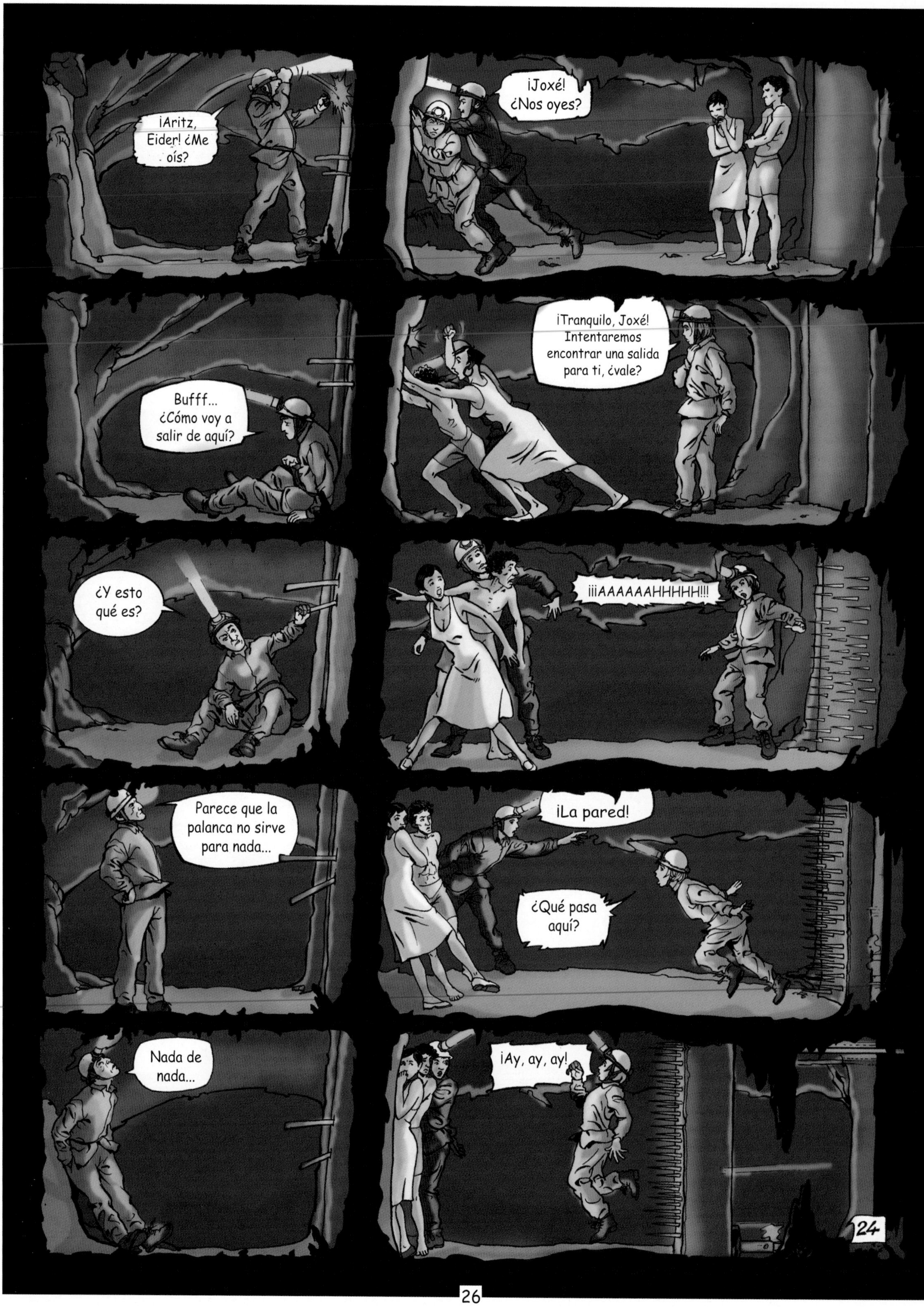
¡Aritz, Eider! ¿Me oís?
¡Joxé! ¿Nos oyes?
Bufff... ¿Cómo voy a salir de aquí?
¡Tranquilo, Joxé! Intentaremos encontrar una salida para ti, ¿vale?
¿Y esto qué es?
¡¡¡AAAAAAHHHHH!!!
Parece que la palanca no sirve para nada...
¡La pared!
¿Qué pasa aquí?
Nada de nada...
¡Ay, ay, ay!
24

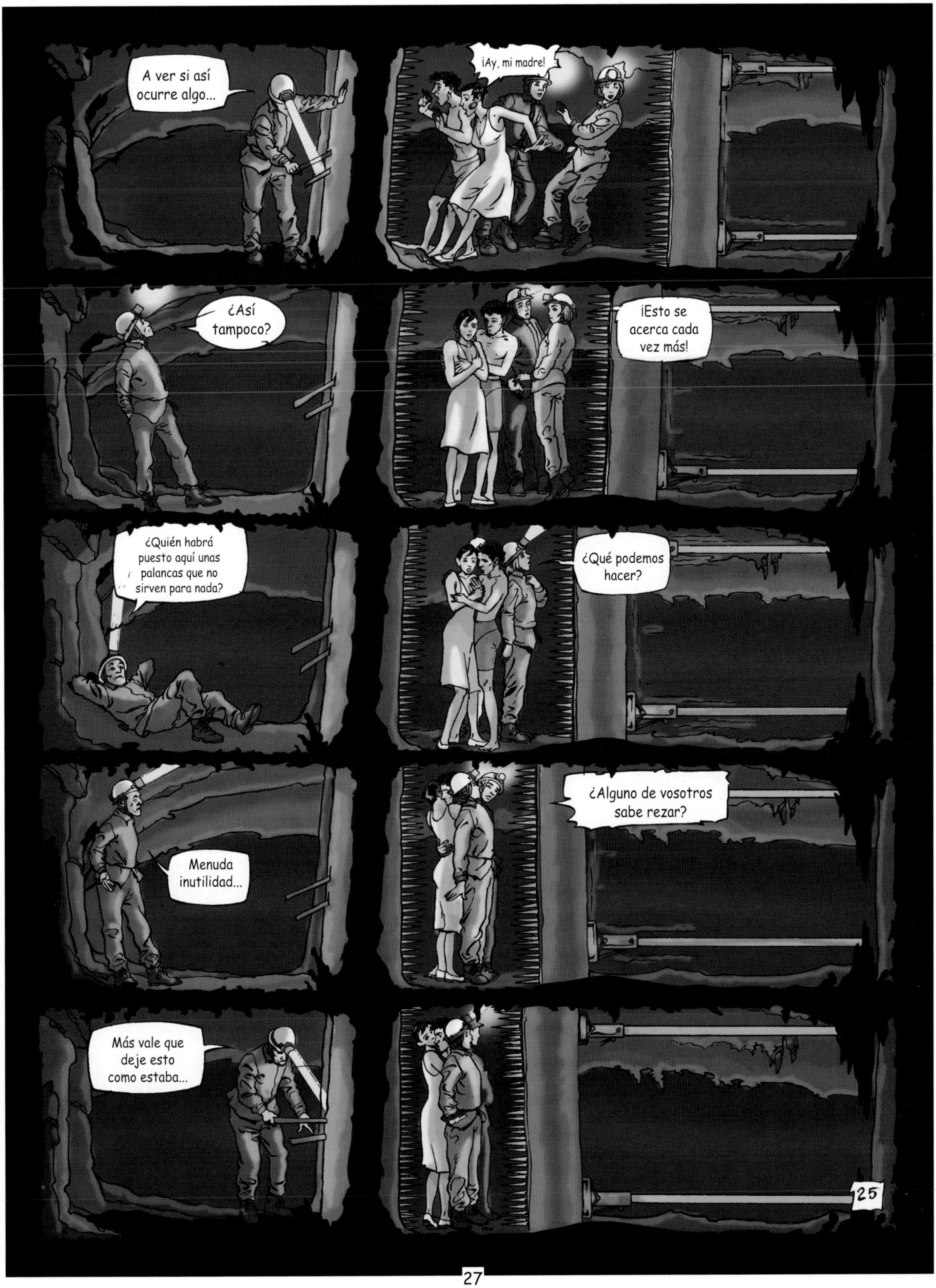
A ver si así ocurre algo...
¡Ay, mi madre!
¿Así tampoco?
¡Esto se acerca cada vez más!
¿Quién habrá puesto aquí unas palancas que no sirven para nada?
¿Qué podemos hacer?
Menuda inutilidad...
¿Alguno de vosotros sabe rezar?
Más vale que deje esto como estaba...
25

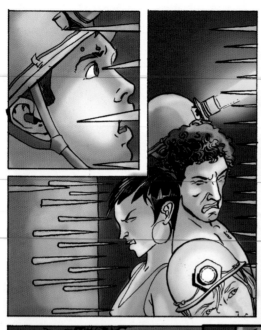

¿Se... se han parado?

¡Vamos, seguidme!

KLAK!

???

Ooops... ¡Por poco! Tal vez sea mejor fijarse dónde piso...

Venga, que es para hoy...

26

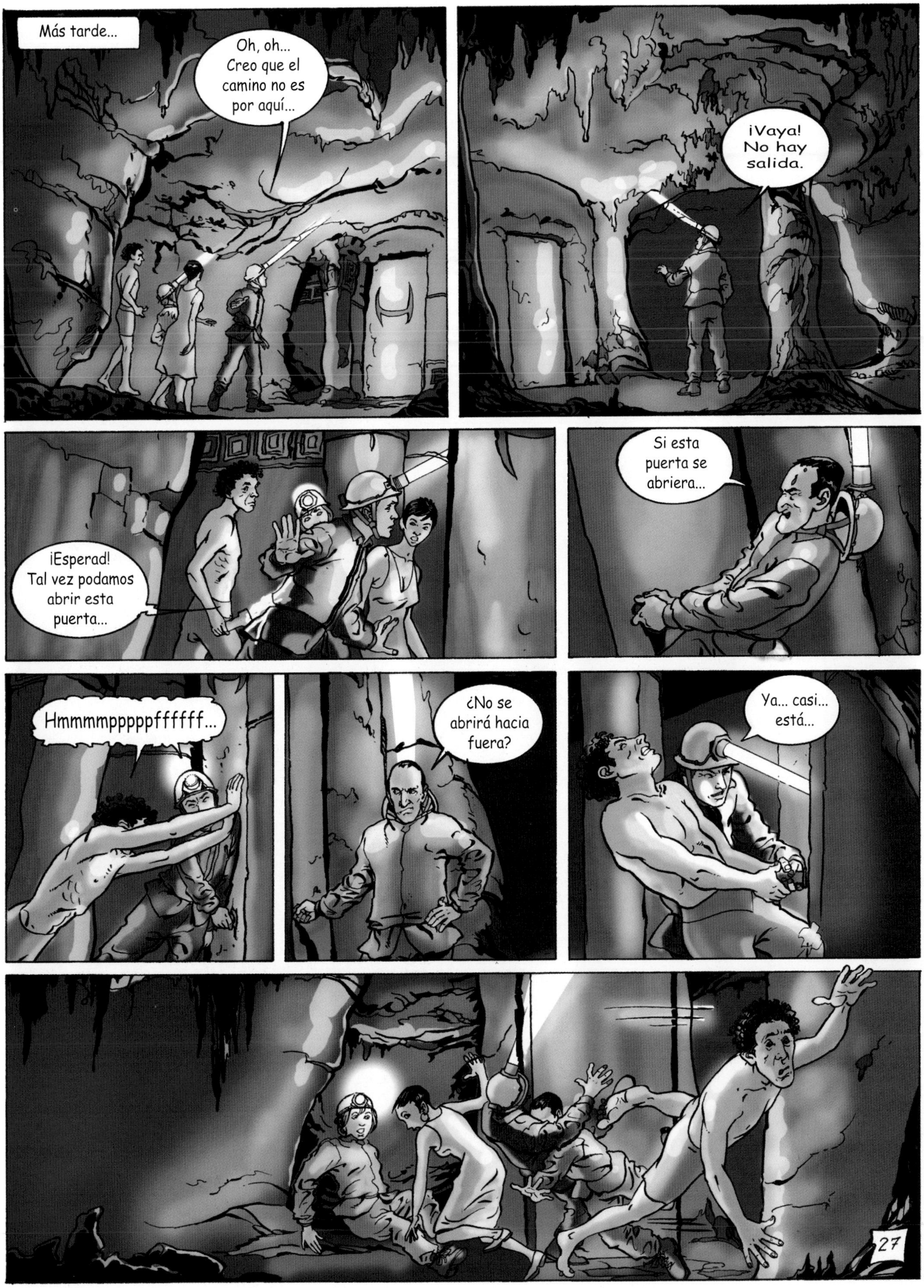
Más tarde...
Oh, oh... Creo que el camino no es por aquí...
¡Vaya! No hay salida.
¡Esperad! Tal vez podamos abrir esta puerta...
Si esta puerta se abriera...
Hmmmmpppppffffff...
¿No se abrirá hacia fuera?
Ya... casi... está...
27

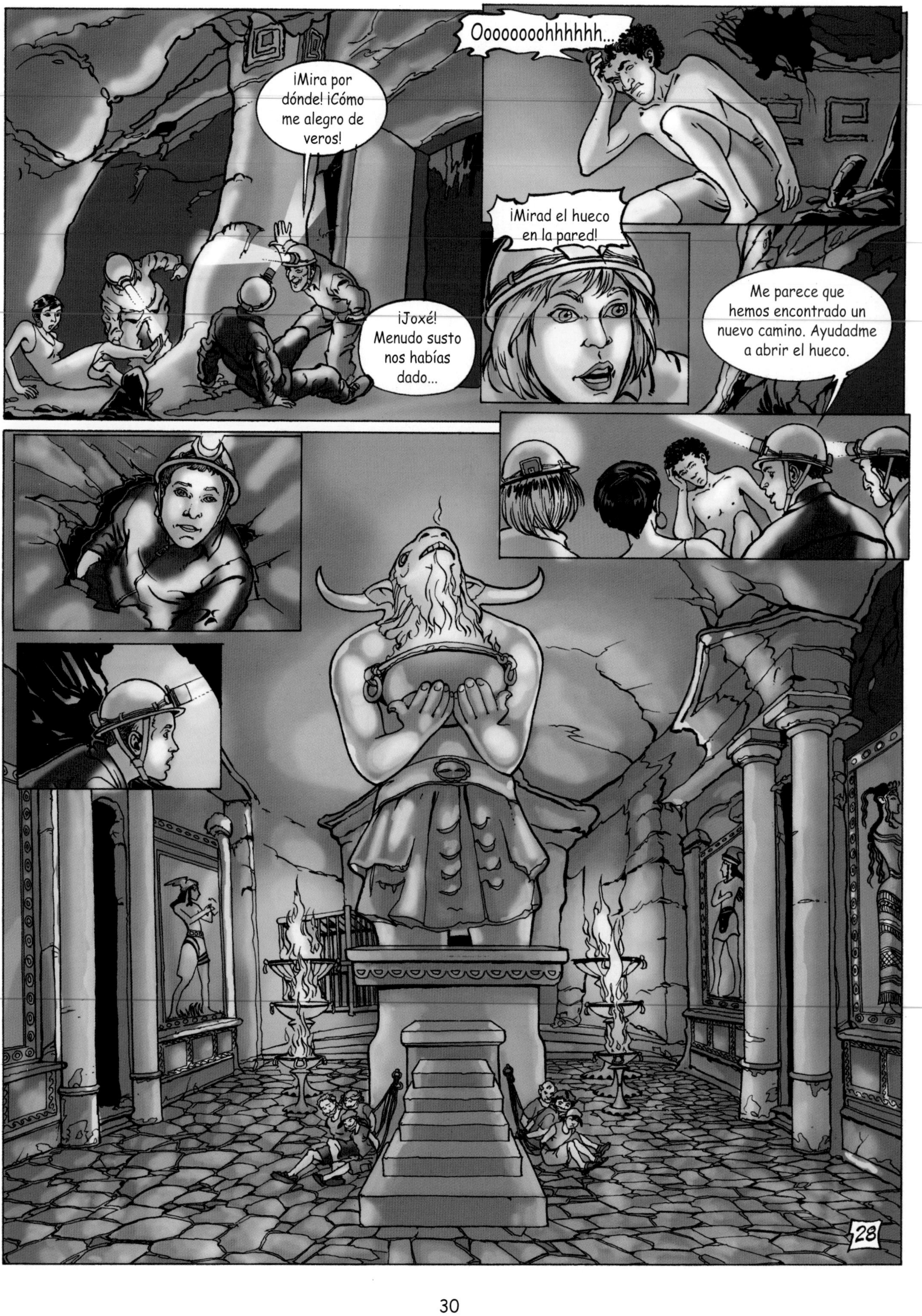
¡Mira por dónde! ¡Cómo me alegro de veros!
¡Joxé! Menudo susto nos habías dado...
Ooooooooohhhhhh...
¡Mirad el hueco en la pared!
Me parece que hemos encontrado un nuevo camino. Ayudadme a abrir el hueco.
28

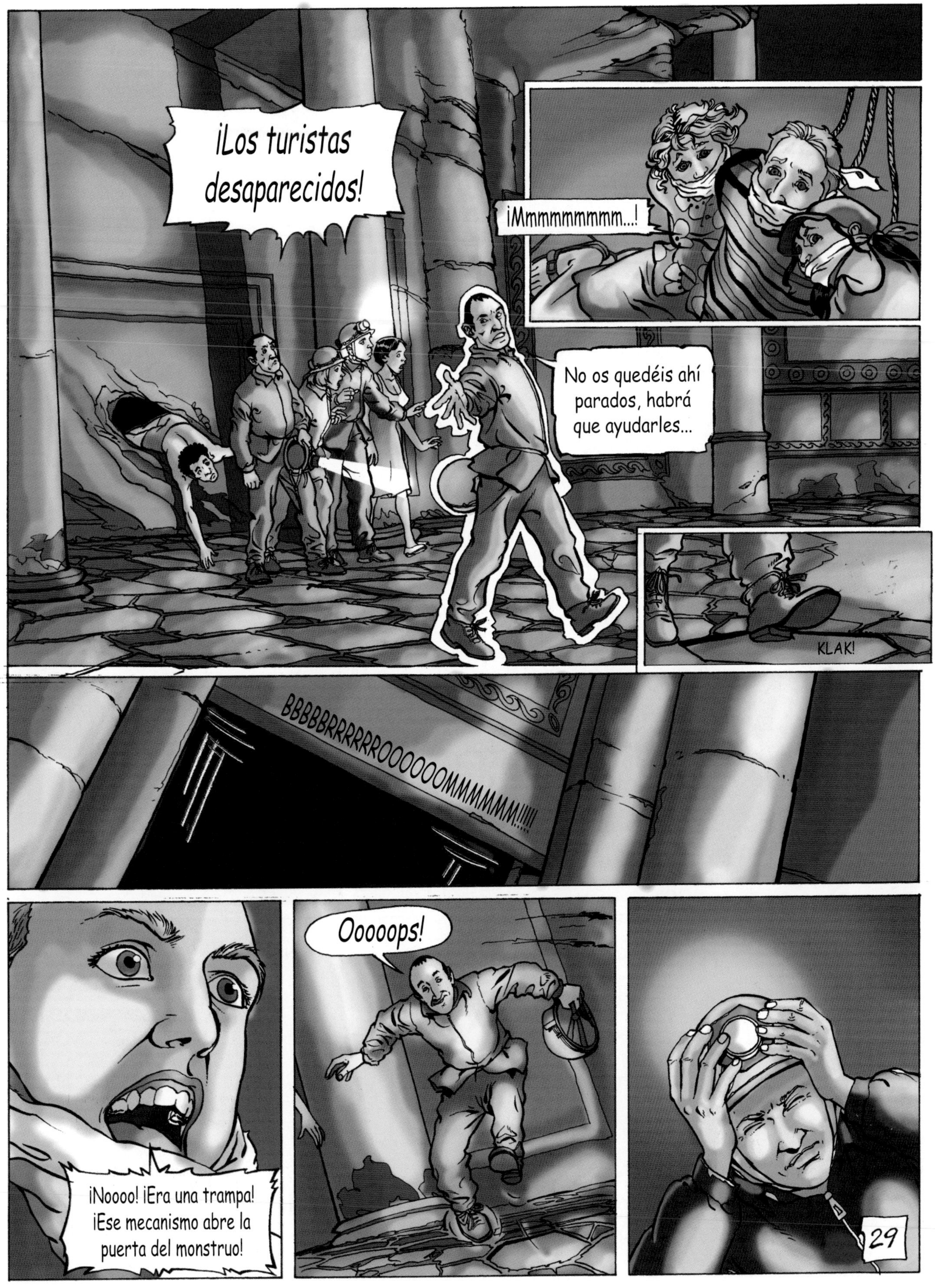
¡Los turistas desaparecidos!
¡Mmmmmmmmm...!
No os quedéis ahí parados, habrá que ayudarles...
KLAK!
BBBBBRRRRRROOOOOOMMMMMM!!!!!
¡Noooo! ¡Era una trampa! ¡Ese mecanismo abre la puerta del monstruo!
Ooooops!
29

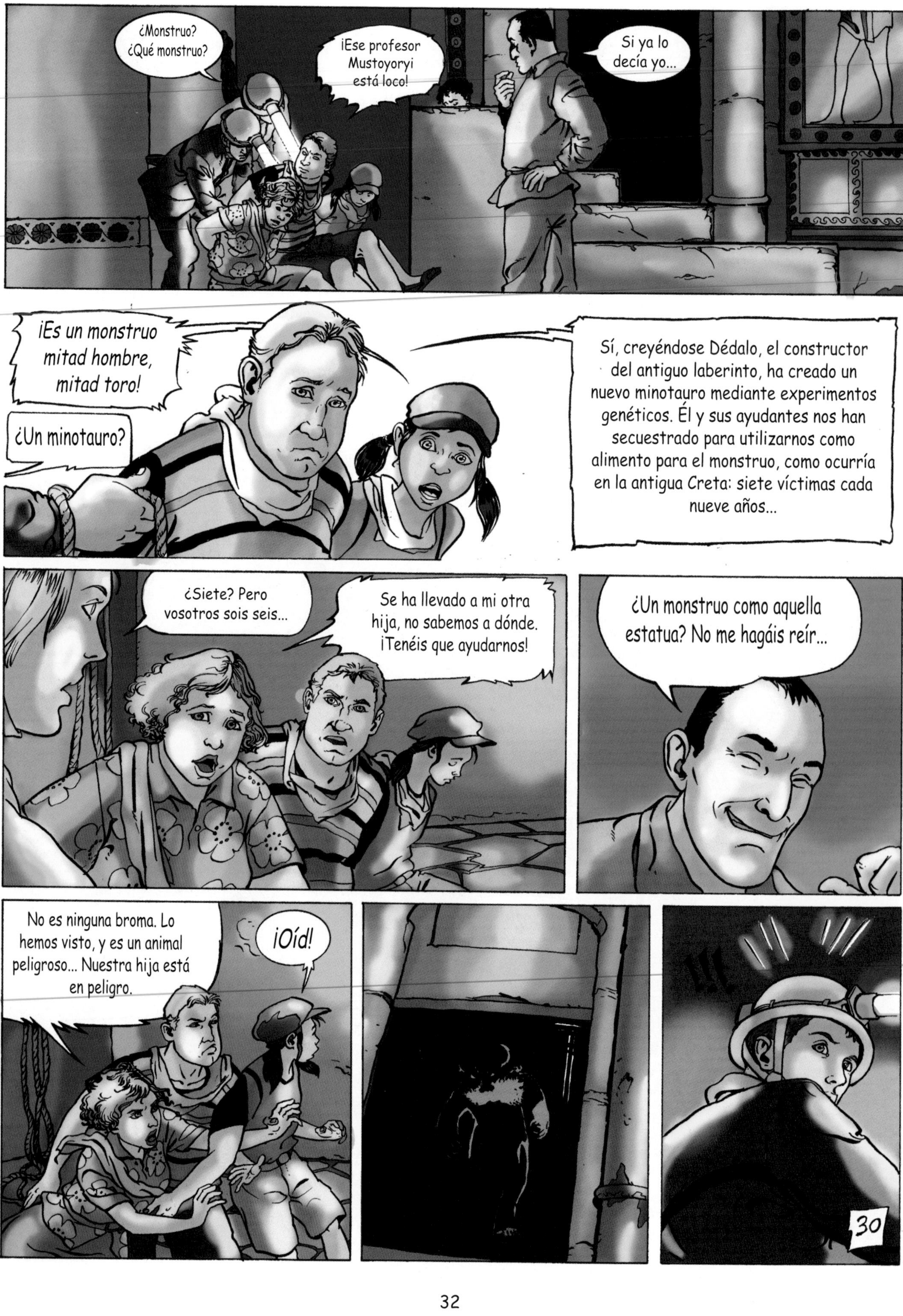
¿Monstruo? ¿Qué monstruo?
¡Ese profesor Mustoyoryi está loco!
Si ya lo decía yo...
¡Es un monstruo mitad hombre, mitad toro!
¿Un minotauro?
Sí, creyéndose Dédalo, el constructor del antiguo laberinto, ha creado un nuevo minotauro mediante experimentos genéticos. Él y sus ayudantes nos han secuestrado para utilizarnos como alimento para el monstruo, como ocurría en la antigua Creta: siete víctimas cada nueve años...
¿Siete? Pero vosotros sois seis...
Se ha llevado a mi otra hija, no sabemos a dónde. ¡Tenéis que ayudarnos!
¿Un monstruo como aquella estatua? No me hagáis reír...
No es ninguna broma. Lo hemos visto, y es un animal peligroso... Nuestra hija está en peligro.
¡Oíd!
!!!
30

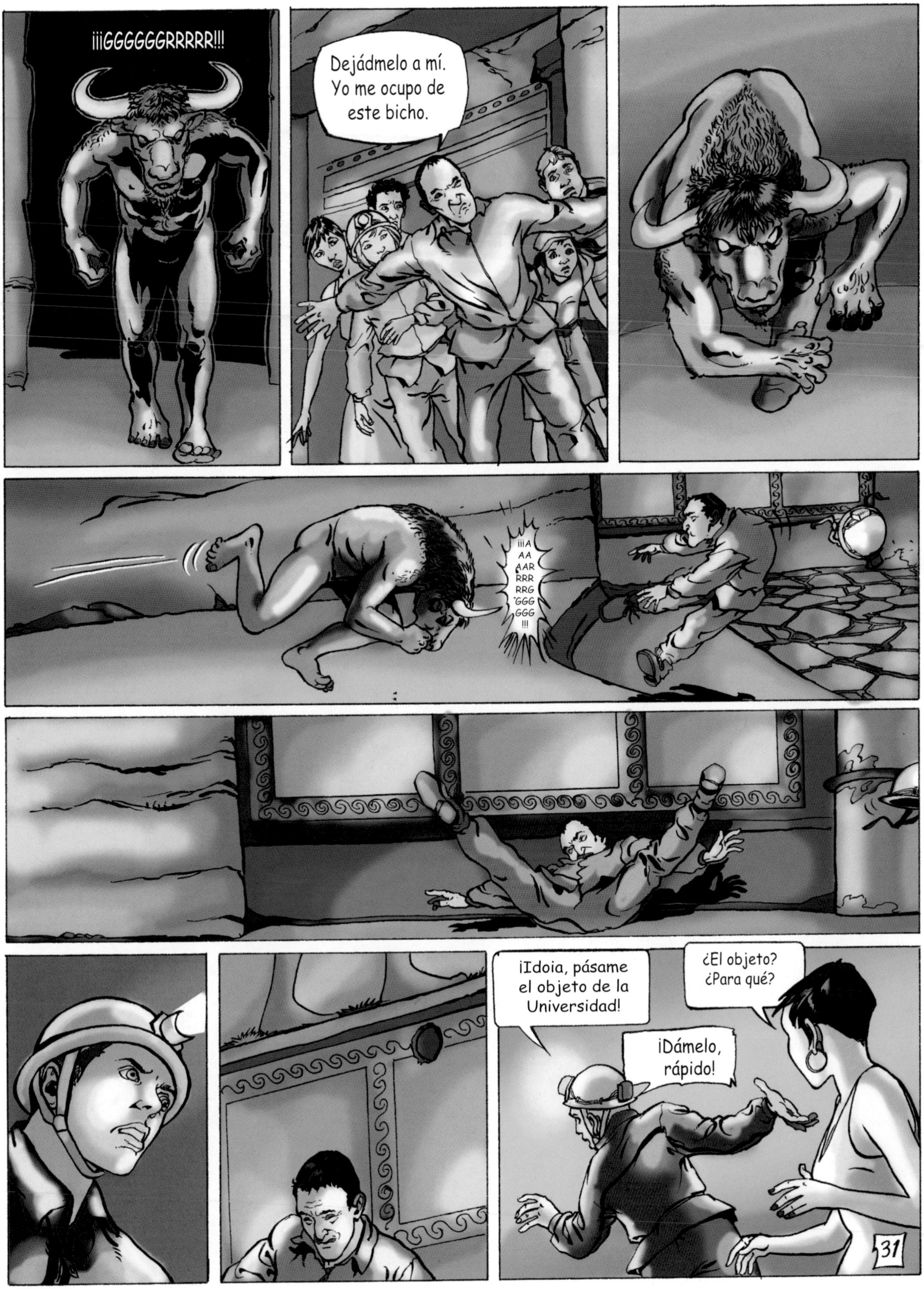
¡¡¡GGGGGGRRRRR!!!
Dejádmelo a mí. Yo me ocupo de este bicho.
¡¡¡AAAAARRRRRRGGGGGGG!!!
¡Idoia, pásame el objeto de la Universidad!
¿El objeto? ¿Para qué?
¡Dámelo, rápido!
31

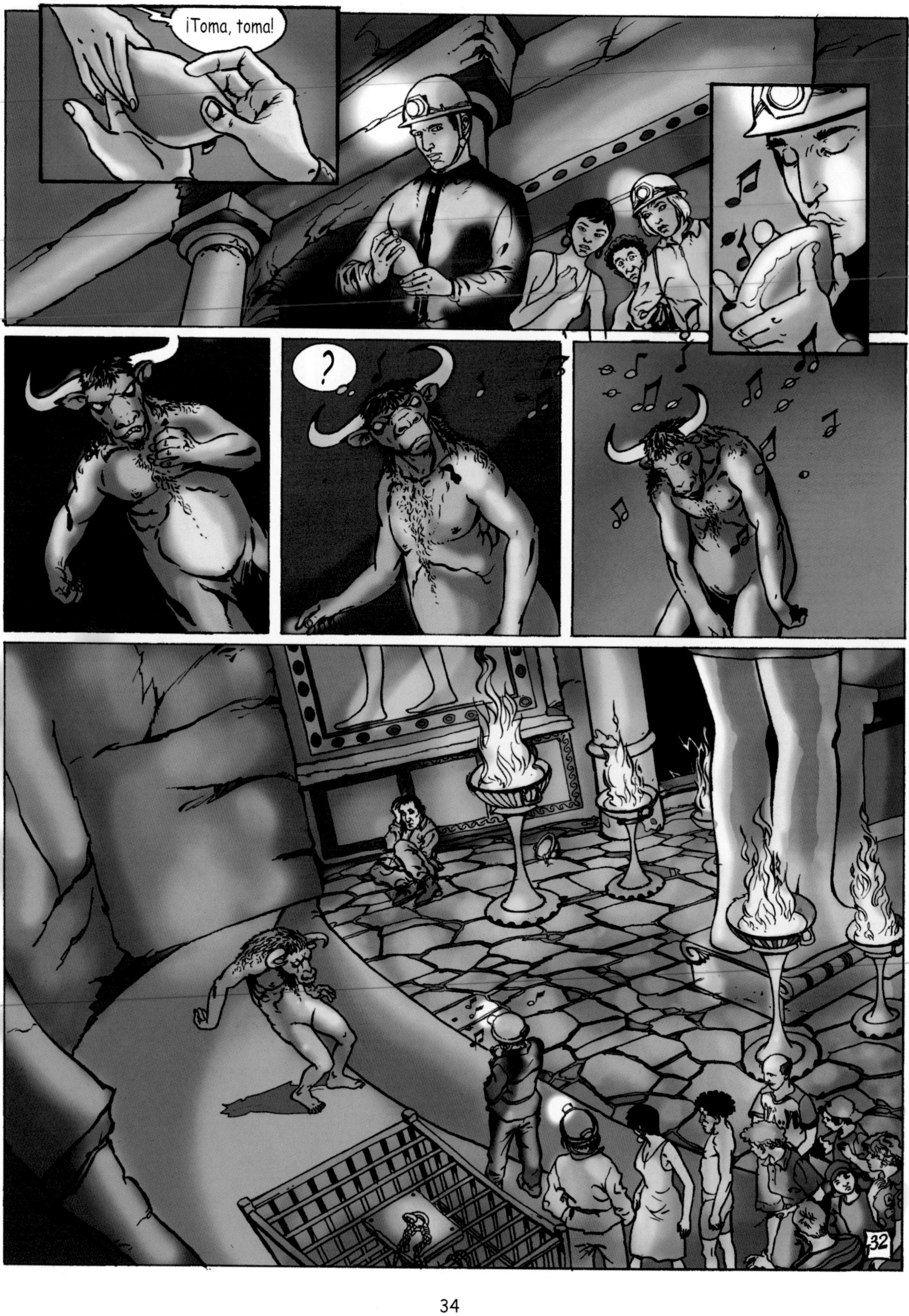
¡Toma, toma!
?
32

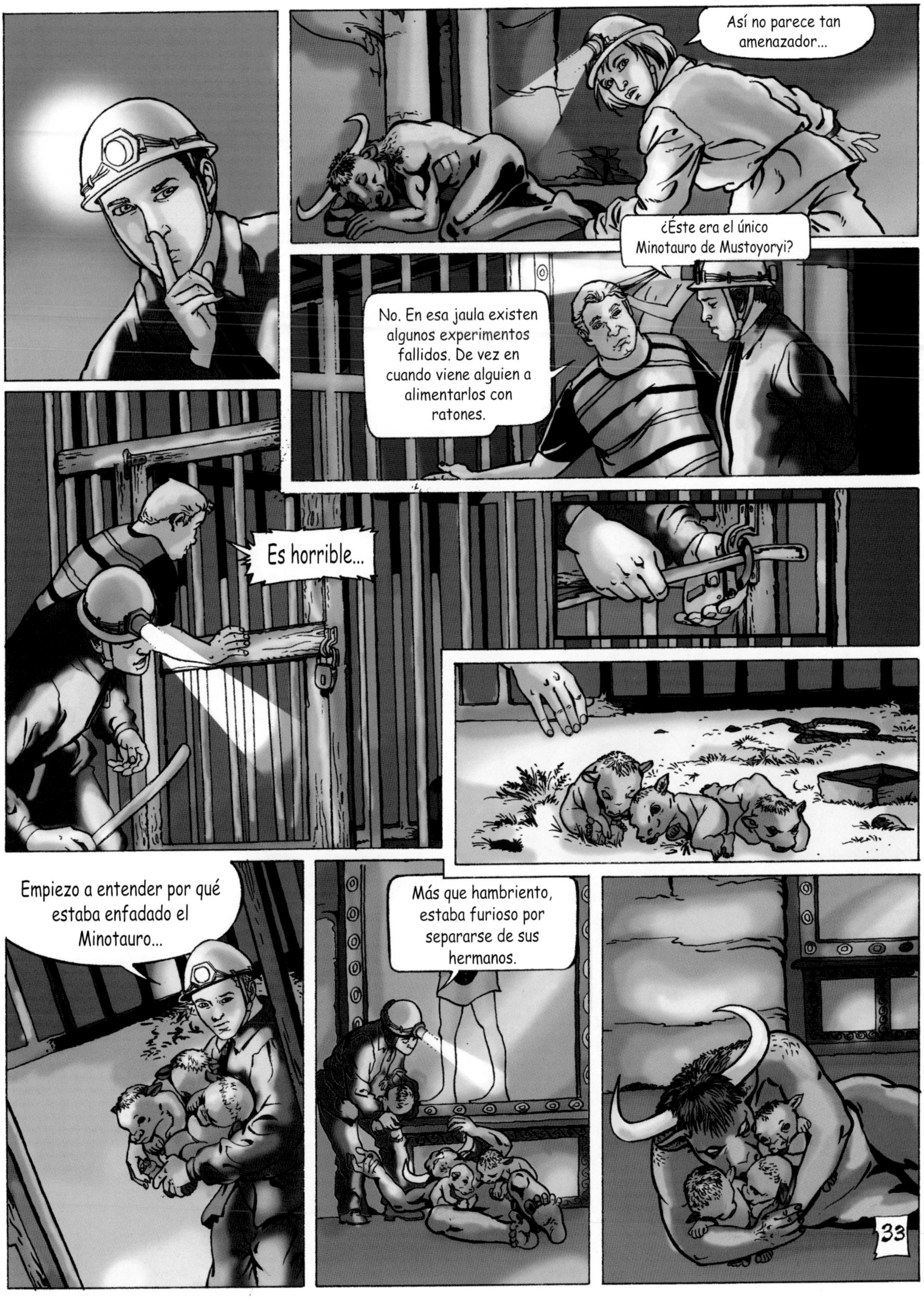
Así no parece tan amenazador...
¿Éste era el único Minotauro de Mustoyoryi?
No. En esa jaula existen algunos experimentos fallidos. De vez en cuando viene alguien a alimentarlos con ratones.
Es horrible...
Empiezo a entender por qué estaba enfadado el Minotauro...
Más que hambriento, estaba furioso por separarse de sus hermanos.
33

¡Gracias por rescatarnos, pero tenéis que ayudarnos a encontrar a mi hermana!

Primero habrá que aprender a salir de aquí.

¿Cómo vamos a encontrar la salida?

Muy fácil. Empezaremos por aquí y luego, tiramos para adelante...

Espera un poco. Tal vez haya una forma más fácil de salir de aquí.

Parecen manchas de humedad...

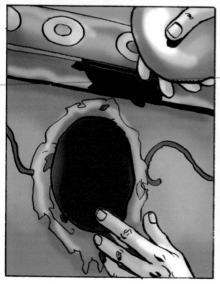

Tal vez, si esto encajara...

34

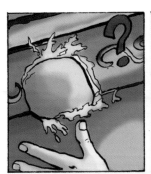

WWWWWWOOOOOAAAAAASSSSSSHHHH

¡¡¡AAAAAAAAHHHHHH!!!

35

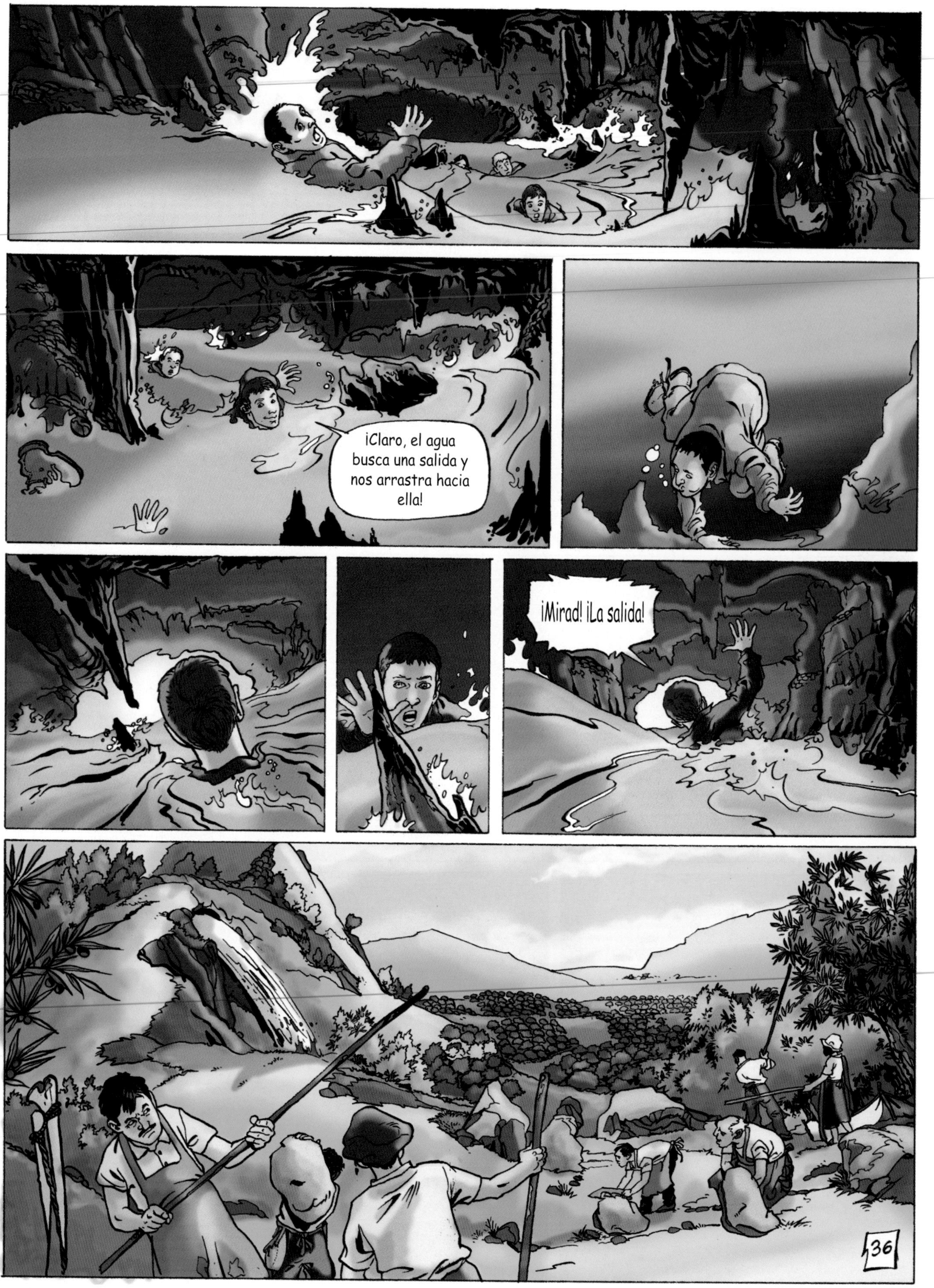
¡Claro, el agua busca una salida y nos arrastra hacia ella!
¡Mirad! ¡La salida!
36

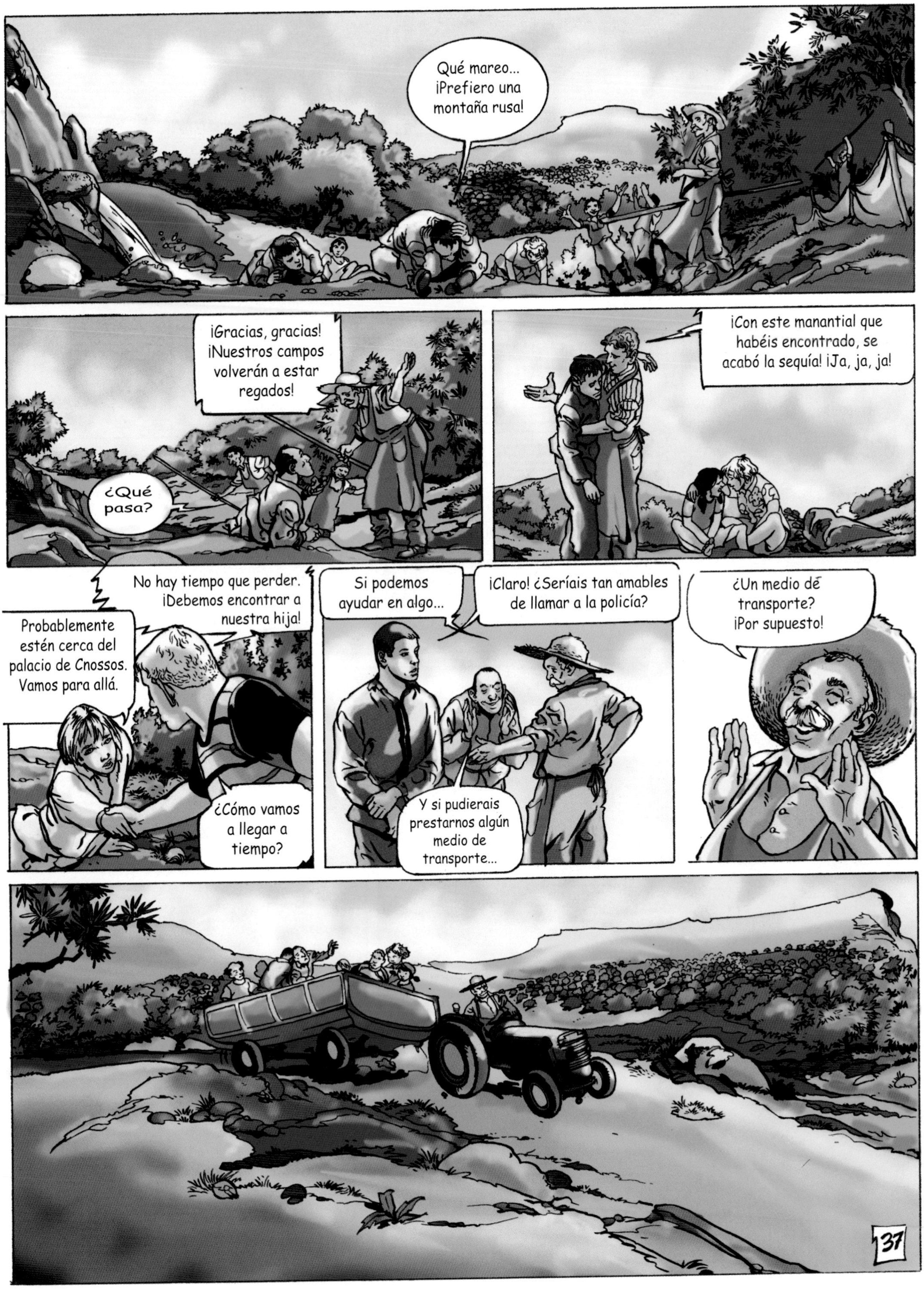

Qué mareo... ¡Prefiero una montaña rusa!
¡Gracias, gracias! ¡Nuestros campos volverán a estar regados!
¿Qué pasa?
¡Con este manantial que habéis encontrado, se acabó la sequía! ¡Ja, ja, ja!
No hay tiempo que perder. ¡Debemos encontrar a nuestra hija!
Probablemente estén cerca del palacio de Cnossos. Vamos para allá.
¿Cómo vamos a llegar a tiempo?
Si podemos ayudar en algo...
¡Claro! ¿Seríais tan amables de llamar a la policía?
Y si pudierais prestarnos algún medio de transporte...
¿Un medio de transporte? ¡Por supuesto!
37

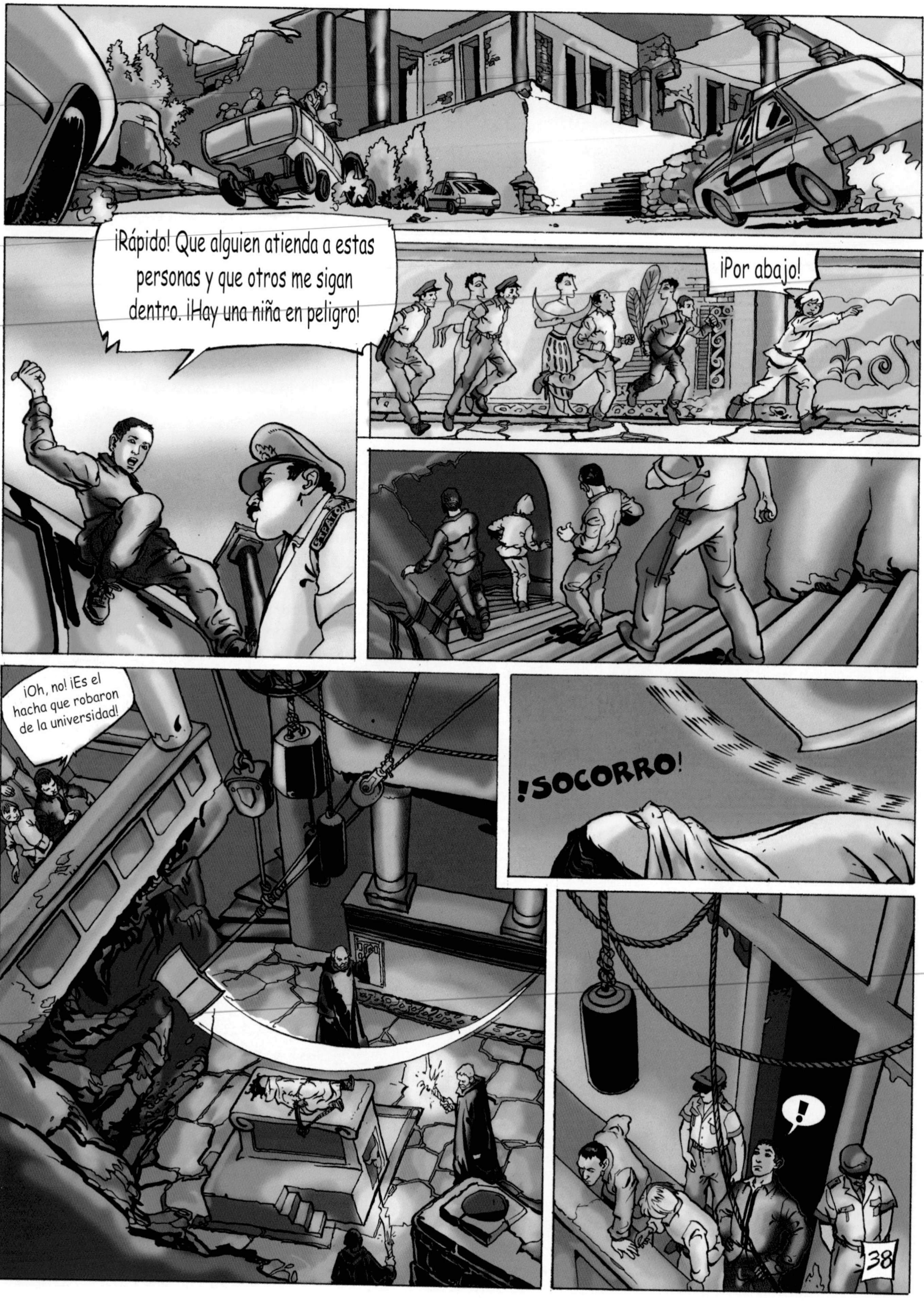
¡Rápido! Que alguien atienda a estas personas y que otros me sigan dentro. ¡Hay una niña en peligro!
¡Por abajo!
¡Oh, no! ¡Es el hacha que robaron de la universidad!
¡SOCORRO!
!
38

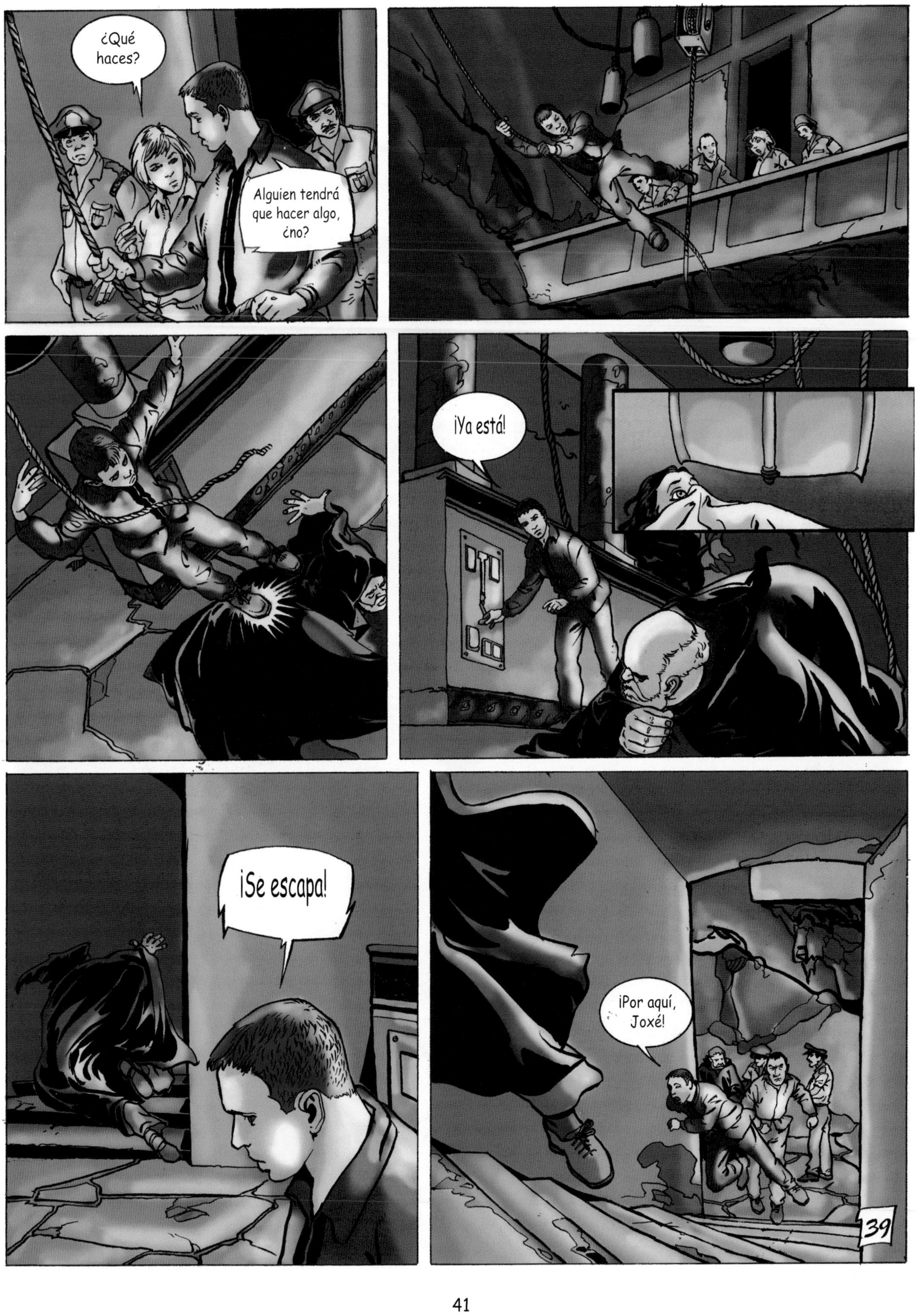
¿Qué haces?
Alguien tendrá que hacer algo, ¿no?
¡Ya está!
¡Se escapa!
¡Por aquí, Joxé!
39

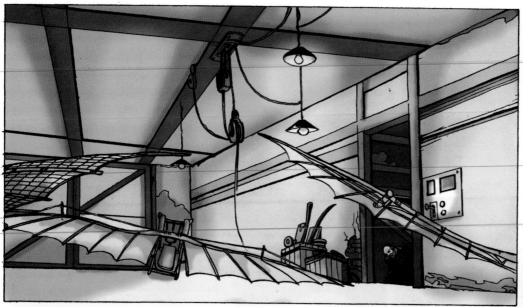

¡Qué rabia!
¡Se ha vuelto
a escapar!

40

42

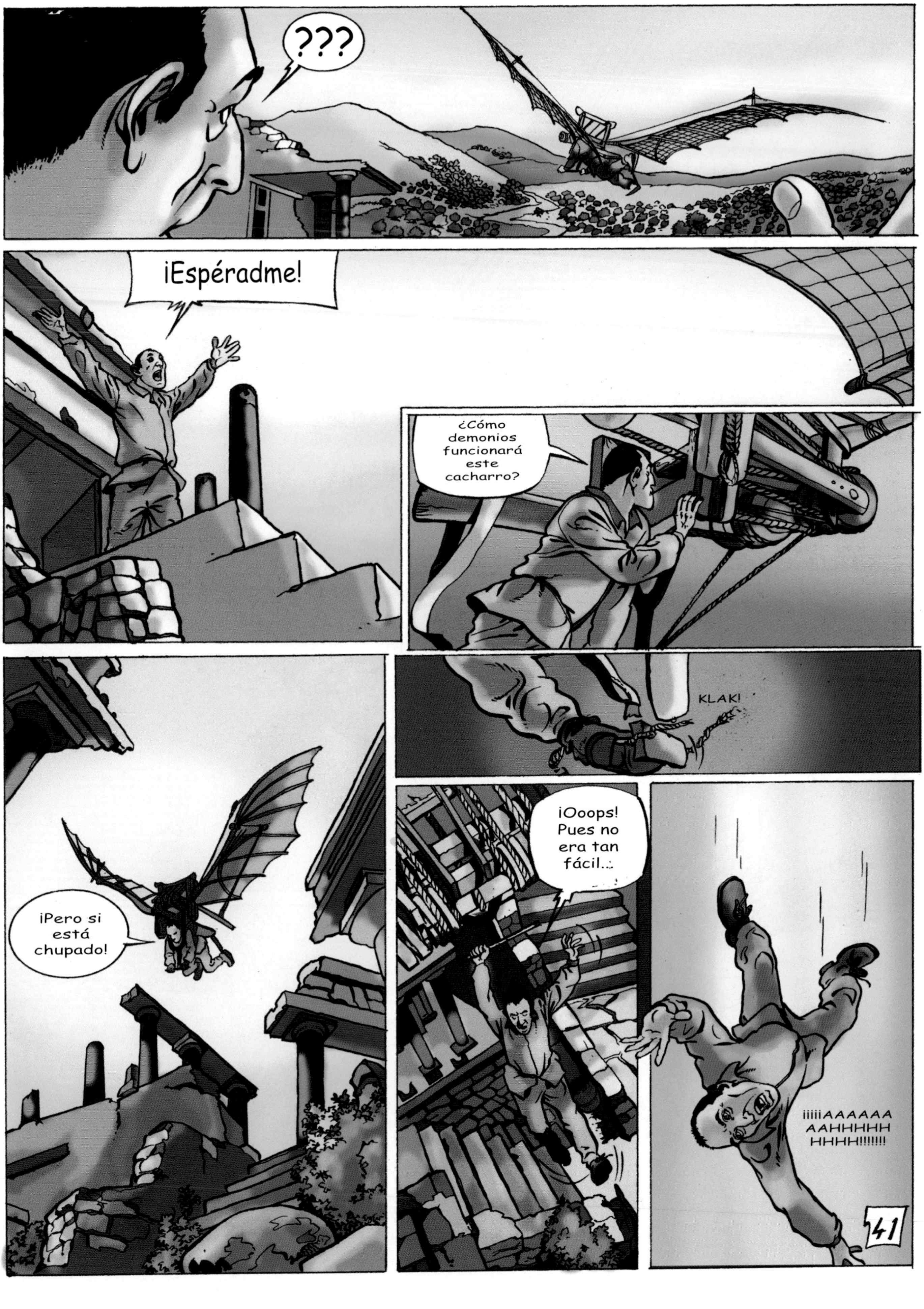
???
¡Espéradme!
¿Cómo demonios funcionará este cacharro?
KLAK!
¡Pero si está chupado!
¡Ooops! Pues no era tan fácil...
¡¡¡¡AAAAAA AAHHHHH HHHH!!!!!!!
41

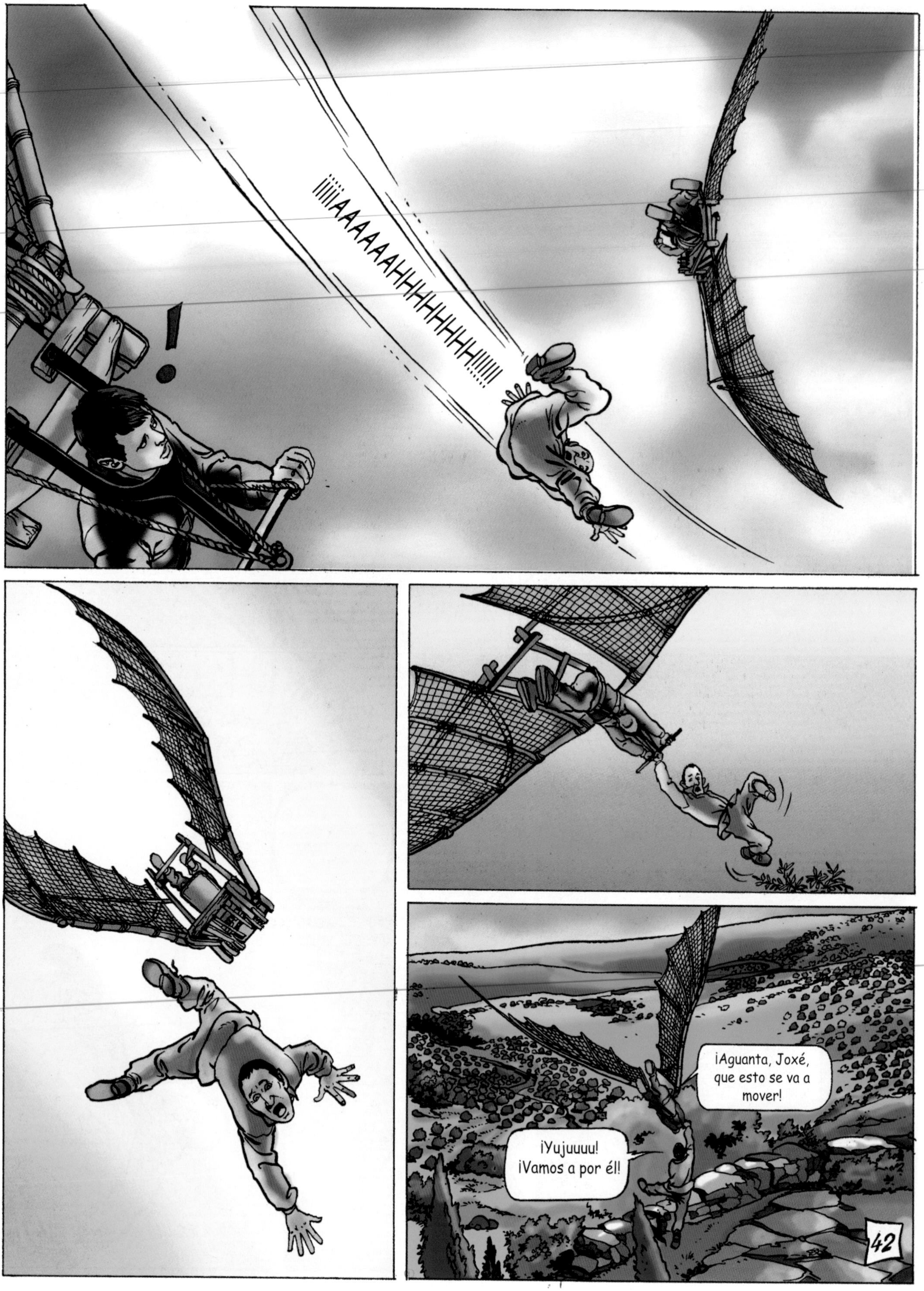
¡¡¡¡¡AAAAAAHHHHHHHH!!!!!
!
¡Aguanta, Joxé, que esto se va a mover!
¡Yujuuuu! ¡Vamos a por él!
42

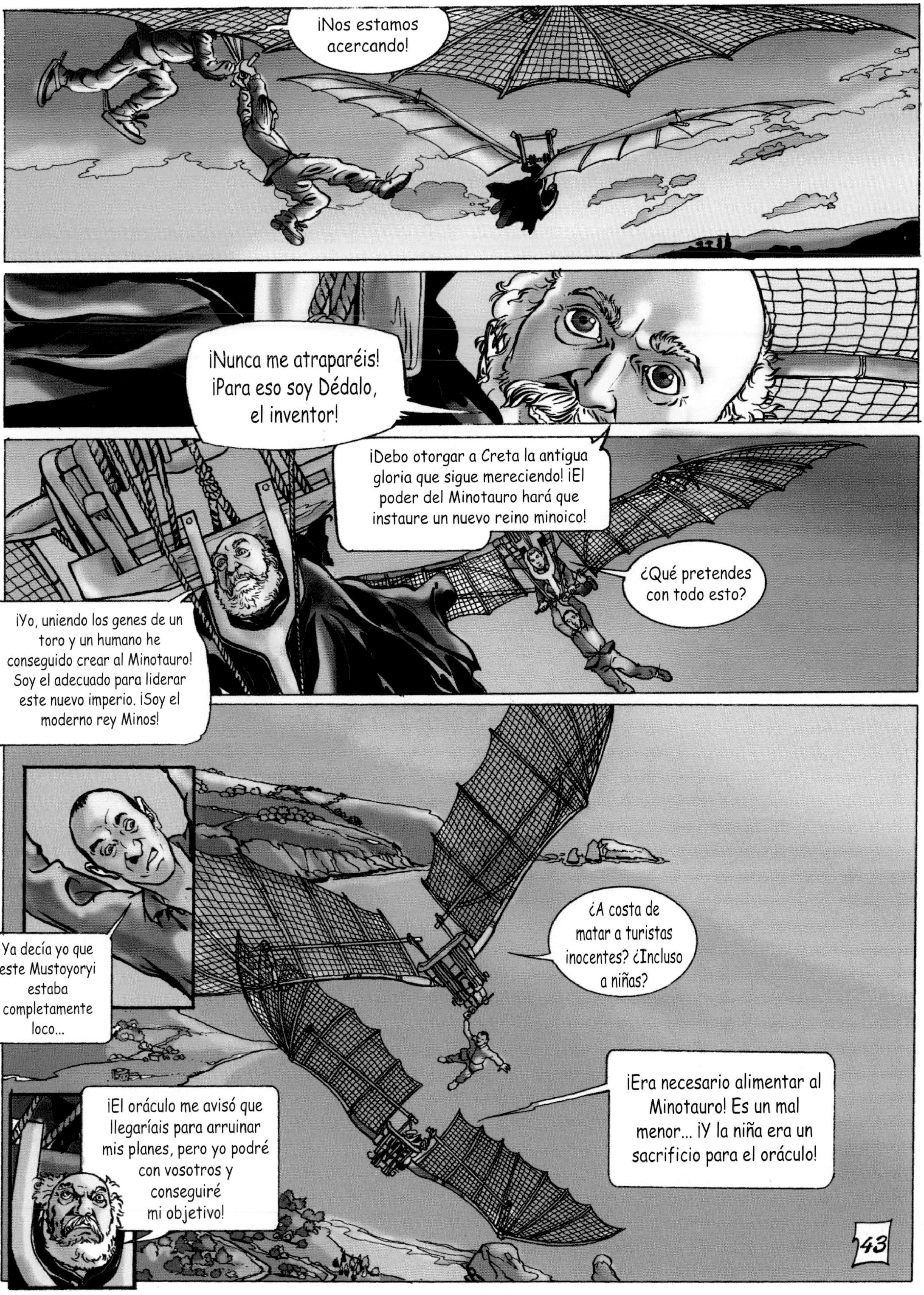
¡Nos estamos acercando!
¡Nunca me atraparéis! ¡Para eso soy Dédalo, el inventor!
¡Debo otorgar a Creta la antigua gloria que sigue mereciendo! ¡El poder del Minotauro hará que instaure un nuevo reino minoico!
¿Qué pretendes con todo esto?
¡Yo, uniendo los genes de un toro y un humano he conseguido crear al Minotauro! Soy el adecuado para liderar este nuevo imperio. ¡Soy el moderno rey Minos!
Ya decía yo que este Mustoyoryi estaba completamente loco...
¿A costa de matar a turistas inocentes? ¿Incluso a niñas?
¡Era necesario alimentar al Minotauro! Es un mal menor... ¡Y la niña era un sacrificio para el oráculo!
¡El oráculo me avisó que llegaríais para arruinar mis planes, pero yo podré con vosotros y conseguiré mi objetivo!
43

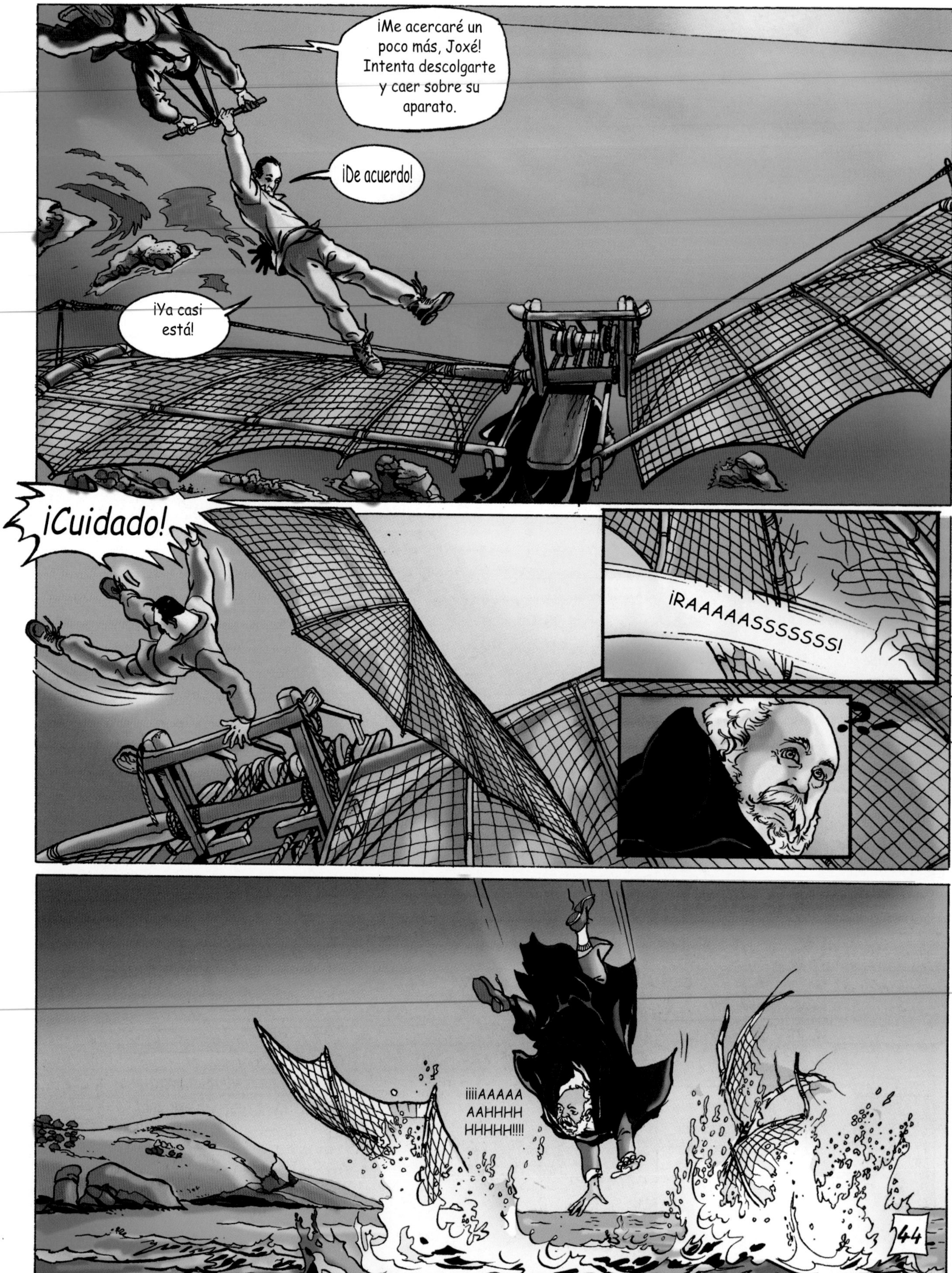
¡Me acercaré un poco más, Joxé! Intenta descolgarte y caer sobre su aparato.
¡De acuerdo!
¡Ya casi está!
¡Cuidado!
¡RAAAAAASSSSSSS!
¡¡¡AAAAA AAHHHH HHHHH!!!!
44

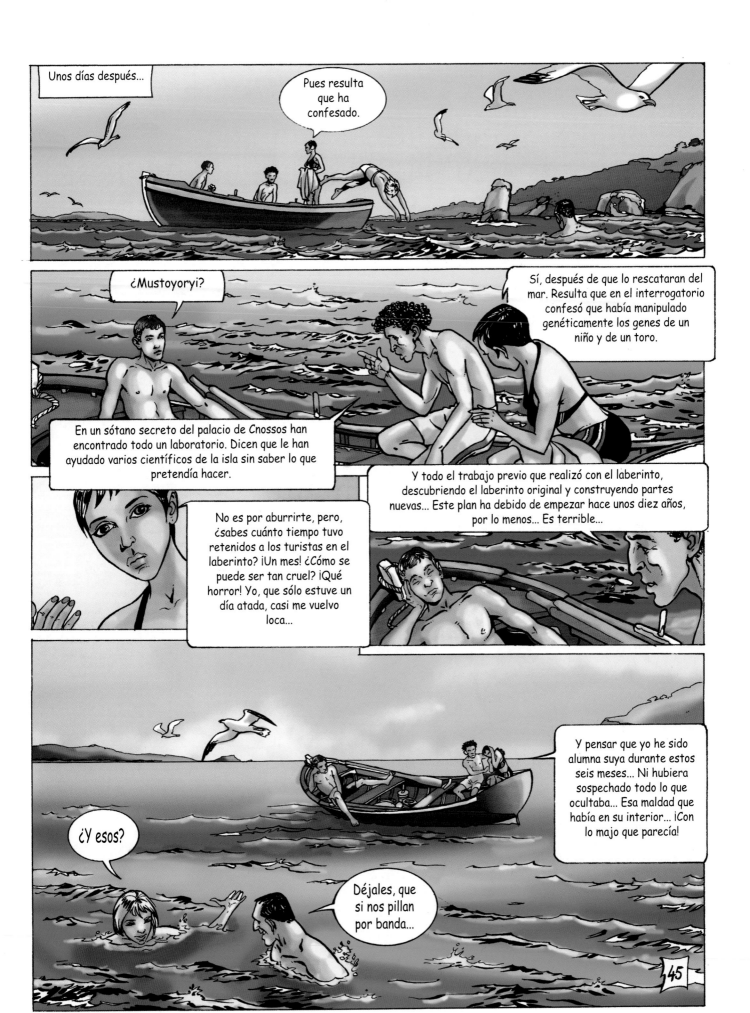

Unos días después...

Pues resulta que ha confesado.

¿Mustoyoryi?

Sí, después de que lo rescataran del mar. Resulta que en el interrogatorio confesó que había manipulado genéticamente los genes de un niño y de un toro.

En un sótano secreto del palacio de Cnossos han encontrado todo un laboratorio. Dicen que le han ayudado varios científicos de la isla sin saber lo que pretendía hacer.

No es por aburrirte, pero, ¿sabes cuánto tiempo tuvo retenidos a los turistas en el laberinto? ¡Un mes! ¿Cómo se puede ser tan cruel? ¡Qué horror! Yo, que sólo estuve un día atada, casi me vuelvo loca...

Y todo el trabajo previo que realizó con el laberinto, descubriendo el laberinto original y construyendo partes nuevas... Este plan ha debido de empezar hace unos diez años, por lo menos... Es terrible...

Y pensar que yo he sido alumna suya durante estos seis meses... Ni hubiera sospechado todo lo que ocultaba... Esa maldad que había en su interior... ¡Con lo majo que parecía!

¿Y esos?

Déjales, que si nos pillan por banda...

45

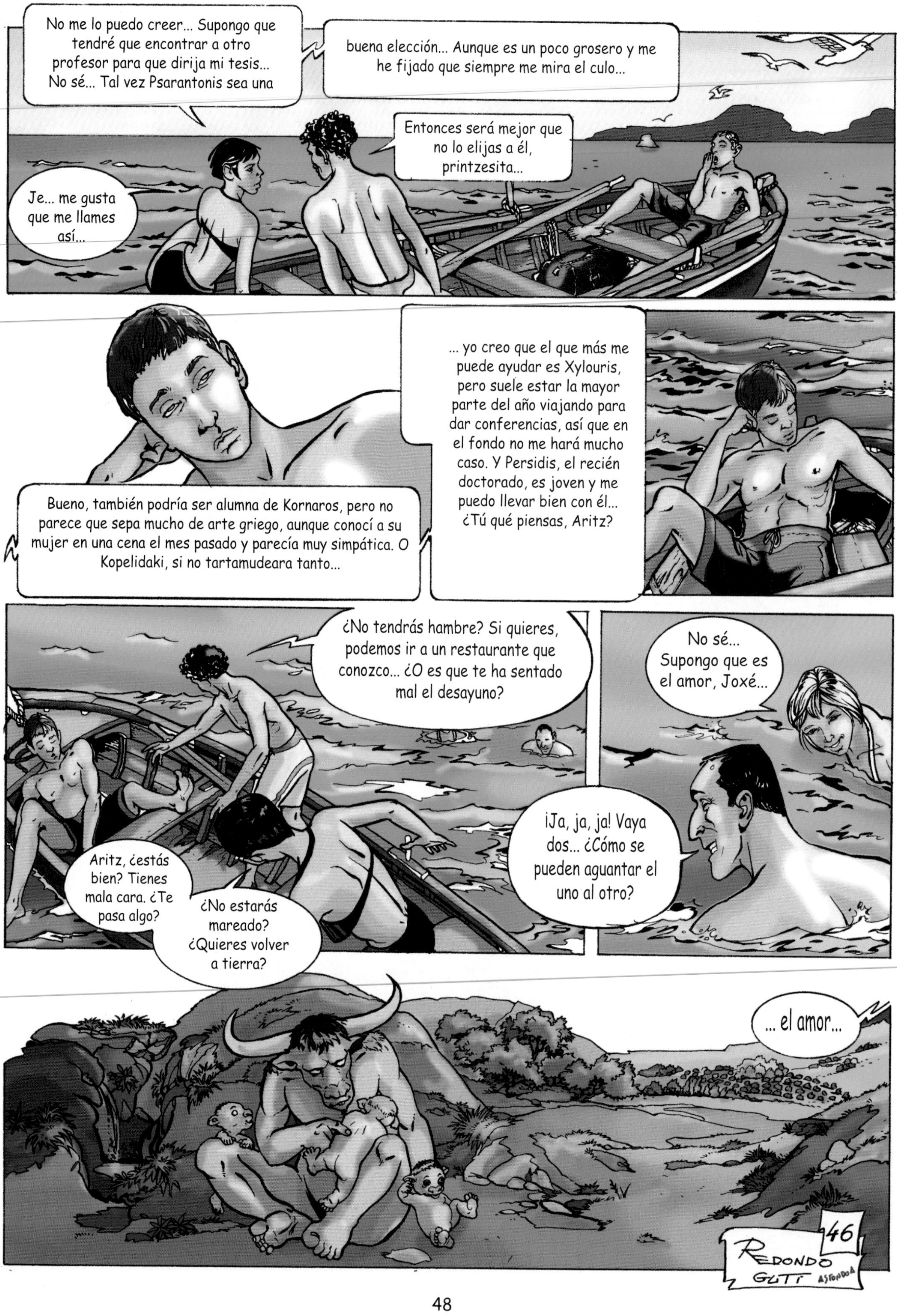
No me lo puedo creer... Supongo que tendré que encontrar a otro profesor para que dirija mi tesis... No sé... Tal vez Psarantonis sea una
buena elección... Aunque es un poco grosero y me he fijado que siempre me mira el culo...
Entonces será mejor que no lo elijas a él, printzesita...
Je... me gusta que me llames así...
... yo creo que el que más me puede ayudar es Xylouris, pero suele estar la mayor parte del año viajando para dar conferencias, así que en el fondo no me hará mucho caso. Y Persidis, el recién doctorado, es joven y me puedo llevar bien con él... ¿Tú qué piensas, Aritz?
Bueno, también podría ser alumna de Kornaros, pero no parece que sepa mucho de arte griego, aunque conocí a su mujer en una cena el mes pasado y parecía muy simpática. O Kopelidaki, si no tartamudeara tanto...
¿No tendrás hambre? Si quieres, podemos ir a un restaurante que conozco... ¿O es que te ha sentado mal el desayuno?
Aritz, ¿estás bien? Tienes mala cara. ¿Te pasa algo?
¿No estarás mareado? ¿Quieres volver a tierra?
No sé... Supongo que es el amor, Joxé...
¡Ja, ja, ja! Vaya dos... ¿Cómo se pueden aguantar el uno al otro?
... el amor...
46
REDONDO
GUTI

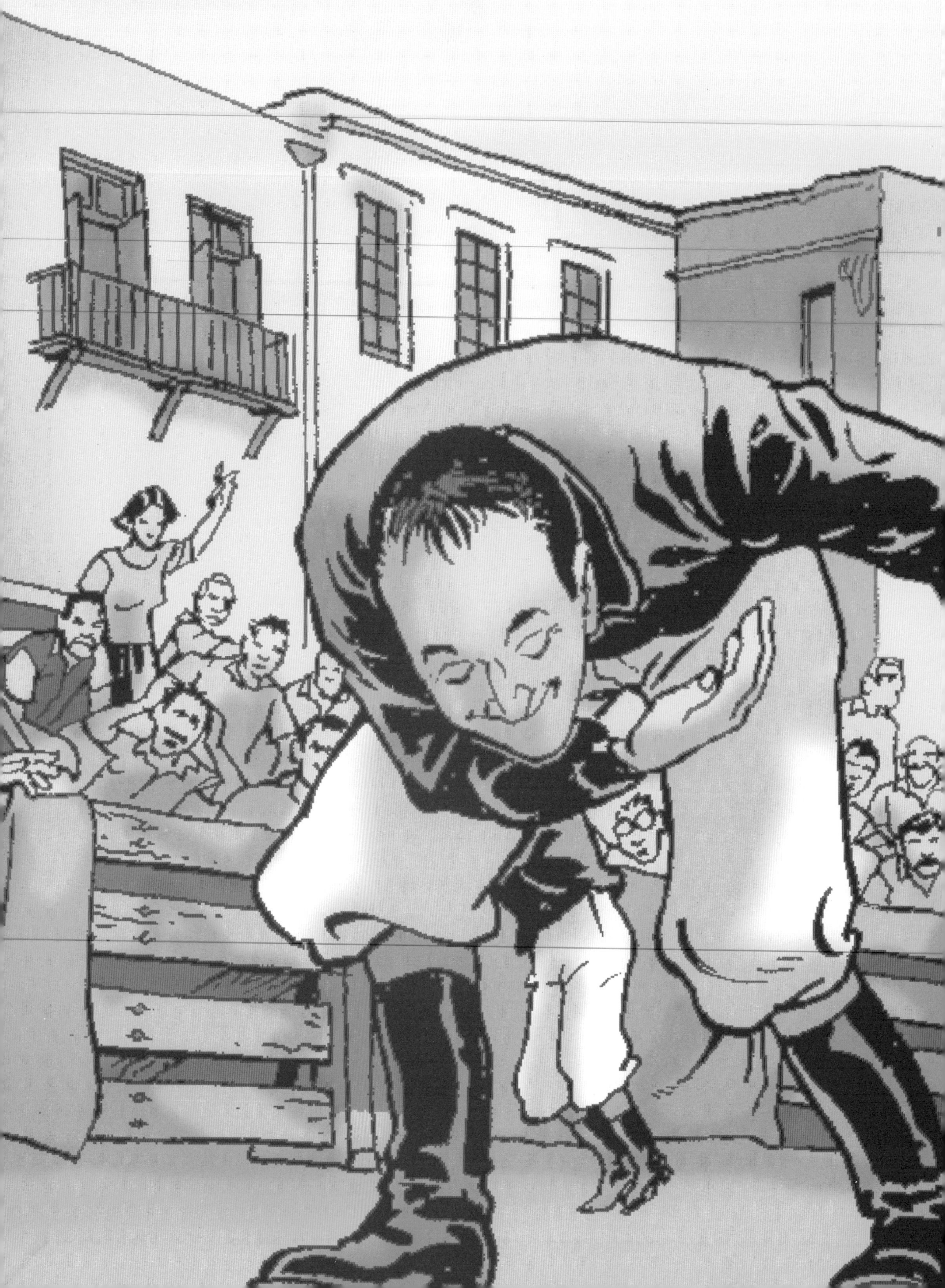